Die „Münchner" Berghütten

für Familien

für Wanderer

für Bergsteiger

für Skifahrer

18 Hütten und ihre 120 Touren- und Gipfelziele

Herausgegeben vom

Deutschen Alpenverein, Zukunft schützen DAV Deutscher Alpenverein e.V. Sektion München

Bearbeitet von

Horst Höfler

Mit 55 Kartenskizzen,
einer Übersichtskarte sowie
150 Farbbildern

Verlag GEOBUCH

Impressum

Einband-Titel: Schinder und Guffert vom Aufstieg zum Jägerkamp. Foto: H. Höfler

Satz, Layout und Herstellung:
Agentur Brauer, München
Karten: Stefan Hulbe, München
Reproduktion: Fuchs Repro, Laufen
Druck und Bindung: Ulenspiegel

Gedruckt auf chlorfrei gebleichtem Papier.

Bildnachweis:
Bildagentur Huber/R. Schmid: S. 13; G. Bleier: S. 158, 160, 160/161; T. Daubner-Höfler: S. 19 u., 83; DAV-Sektion München: S. 23, 85, 117,137, 164; H. Fertl: S. 155, 156, 157; S. Garnweidner: S. 140/141, 162, 162/163, 170; A. Hirschauer: S. 70; K. Kirch: S. 22; R. Kurz: S. 148/149; M. Landes: S. 136, 138/139, 140 o.; E. Radehose: S. 152; H. Steinbichler: S. 121 (beide). 122 kl., 124 (beide), 125, 150/151; G. Witt: S. 10 o., 34 beide, 42, 65, 68/69, 76, 94, 118, 146, 159. Die übrigen Abbildungen stammen von H. Höfler.

Die Anreiseskizzen stammen vom Referat für Natur- und Umweltschutz im Deutschen Alpenverein.

Die Angaben und Tourenbeschreibungen in diesem Führer erfolgten nach bestem Wissen und Gewissen des Bearbeiters. Sie wurden von den Hüttenreferenten und von kompetenten Vorstandsmitgliedern der Sektion München des Deutschen Alpenvereins auf Stimmigkeit geprüft. Für die Richtigkeit der Angaben kann jedoch keine Haftung übernommen werden.
Für Hinweise und Anregungen sind wir jederzeit dankbar. Bitte richten Sie diese an den Deutschen Alpenverein, Sektion München, Service-Stelle, Bayerstraße 21/V, D-80335 München.

Die Deutsche Bibliothek – CIP-Einheitsaufnahme

Höfler, Horst (Bearb.):
Die „Münchner" Berghütten
für Familien, für Wanderer, für Bergsteiger, für Skifahrer/ Deutscher Alpenverein, Sektion München (Hrsg.) / Höfler, Horst (Bearb.)
München: Verlag **GEOBUCH**,
D-80331 München
ISBN 3-925308-34-2
ISBN 3-925308-35-0 (Ausgabe für Mitglieder der Sektion München des DAV)

2. vollständig überarbeitete Auflage 2002

Printed in Germany

ZUM GELEIT

Acht bewirtschaftete Schutzhäuser sowie zehn Selbstversorgerhütten und eine Biwakschachtel: Das sind die 19 Hütten der Sektion München des Deutschen Alpenvereins. Manche von ihnen haben einen beachtlichen Bekanntheitsgrad. Das Münchner Haus auf dem Zugspitzgipfel, Reintalanger-, Knorr- und Höllentalangerhütte im Wetterstein, das berühmte Watzmannhaus und das Heinrich-Schwaiger-Haus in der Glocknergruppe der Hohen Tauern gehören zu den ebenso traditionsreichen wie beliebten Ostalpen-Schutzhäusern. Auf unseren unbewirtschafteten Hütten indes genießen **Mitglieder der Sektion München und *Plus*-Mitglieder**, die durch die Kooperation mit der Sektion Oberland die Service-Leistungen beider Sektionen wahrnehmen können, die ihnen zustehende Exklusivität. Diese Selbstversorgerhütten, die allesamt in attraktiven Tourengebieten stehen, eignen sich ideal für Familienaufenthalte mit Kindern.

Die Zugänge zu den Hütten, deren Ausstattung sowie die von ihnen möglichen Übergänge, Gipfelbesteigungen und Skitouren sind im vorliegenden Buch beschrieben. Es enthält einige der großartigsten Ostalpentouren ebenso wie beliebte, bekannte und weniger bekannte Wanderungen auf Voralpenberge. Die Eignung der einzelnen Touren für Kinder ist jeweils im Beschreibungskopf vermerkt worden.

Für die Textausarbeitung danken wir vor allem Horst Höfler. Ebenso herzlich geht unser Dank an die Hütten- und Wegereferenten Manfred Barth, Albert Baumgartner (†), Ludwig Binder, Herbert Fertl, Michael Hagsbacher, Anton Hirschauer, Franz Holz, Klaus Kellner, Dr. Konrad Kirch, Johann Kreilinger, Hans und Ulrike Martin, Oskar Meerkötter, Siegfried Pimpi, Werner Pohl, Alfred Reischl, Rudolf Schermer, Reinhard Stöckle, Jörg Storch, Henning Strunk, Hans Theodor Stumm, Ernst Theuerkorn und Dieter Tränkle, an Manfred Oberhauser, der einen Großteil der Skitourenbeschreibungen beisteuerte, sowie an unsere Vorstandsmitglieder Peter Dill und Herbert Konnerth. Allesamt korrigierten sie das Manuskript und brachten, wo notwendig, Ergänzungen ein.

So ist eine Teamarbeit entstanden; ein exakter Wegweiser, mit dessen Hilfe wir Ihnen und Ihrer Familie erlebnisreiche Tage im Gebirge wünschen.

Ihr

Prof. Dr. Johann Sonnenbichler
Erster Vorsitzender

INHALT

INHALT

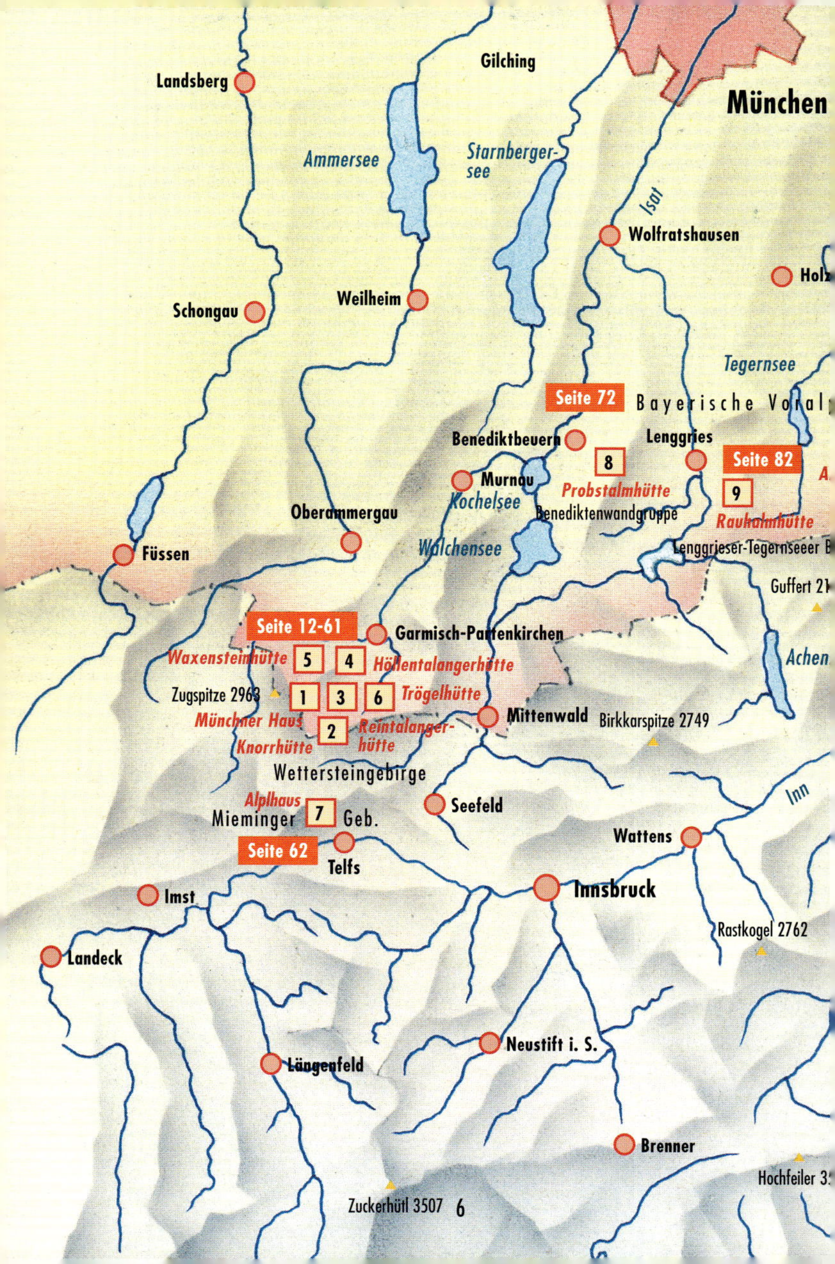

Gilching
Landsberg
München
Ammersee
Starnberger-see
Isar
Wolfratshausen
Holz
Schongau
Weilheim
Tegernsee
Seite 72
Bayerische Voral
Benediktbeuern
Lenggries
Seite 82
8
Murnau
Probstalmhütte
9
Kochelsee
Benediktenwandgruppe
Rauhalmhütte
Oberammergau
Füssen
Walchensee
Lenggrieser-Tegernseeer
Guffert 21
Seite 12-61
Garmisch-Partenkirchen
Waxensteinhütte
5
4
Höllentalangerhütte
Achen
Zugspitze 2963
1
3
6
Trögelhütte
Münchner Haus
Mittenwald
Birkkarspitze 2749
2
Reintalanger-hütte
Knorrhütte
Wettersteingebirge
Inn
Alplhaus
Mieminger
7
Geb.
Seefeld
Wattens
Seite 62
Telfs
Innsbruck
Imst
Rastkogel 2762
Landeck
Neustift i. S.
Längenfeld
Brenner
Hochfeiler 3
Zuckerhütl 3507

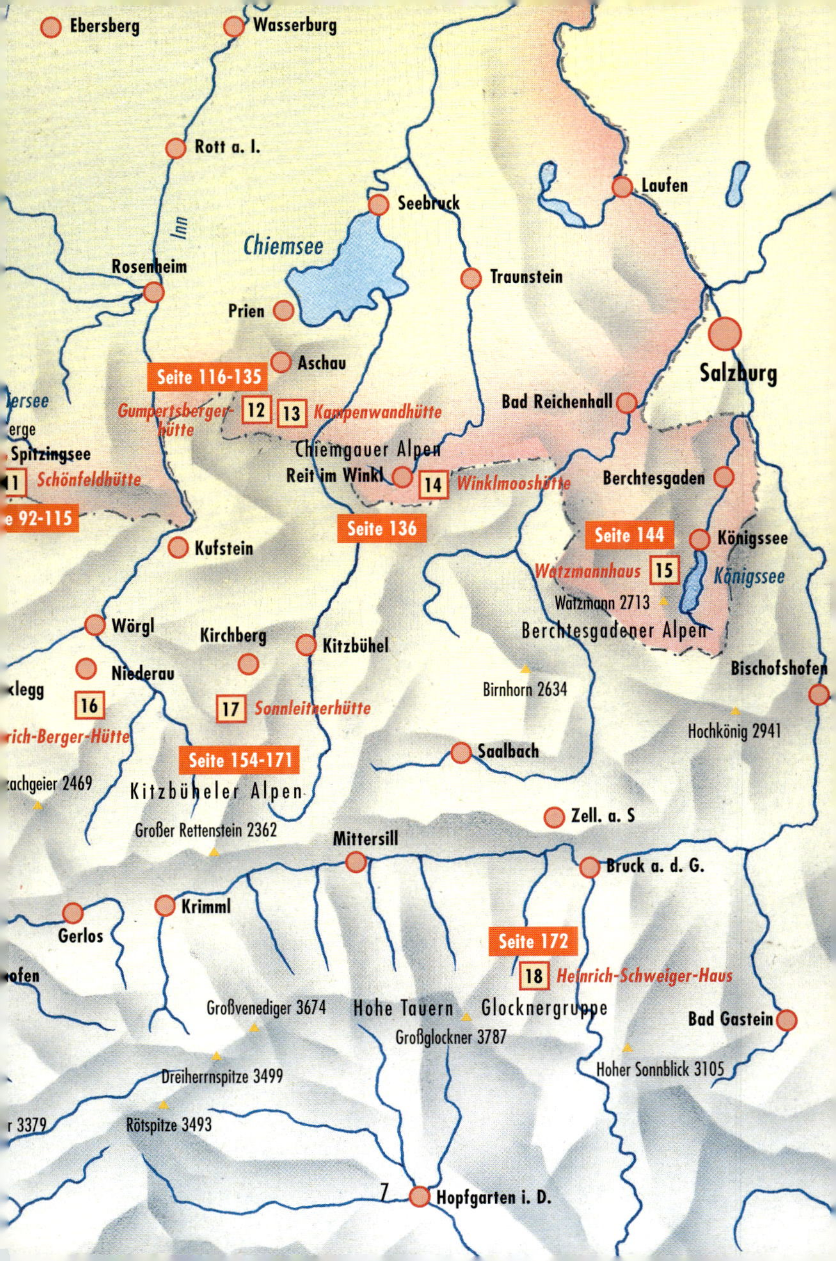
Ebersberg
Wasserburg
Rott a. I.
Laufen
Seebruck
Inn
Chiemsee
Rosenheim
Traunstein
Prien
Salzburg
Aschau
Seite 116-135
Gumpertsberger-hütte
12
13
Kampenwandhütte
Bad Reichenhall
Spitzingsee
Chiemgauer Alpen
Reit im Winkl
14
Winklmooshütte
Berchtesgaden
Schönfeldhütte
Seite 136
Seite 144
Königssee
Kufstein
Watzmannhaus
15
Königssee
Watzmann 2713
Wörgl
Kirchberg
Kitzbühel
Berchtesgadener Alpen
Niederau
Bischofshofen
16
Birnhorn 2634
17
Sonnleitnerhütte
Hochkönig 2941
Saalbach
Seite 154-171
Kitzbüheler Alpen
Zell. a. S
Großer Rettenstein 2362
Mittersill
Bruck a. d. G.
Krimml
Gerlos
Seite 172
18
Heinrich-Schweiger-Haus
Großvenediger 3674
Hohe Tauern
Glocknergruppe
Bad Gastein
Großglockner 3787
Hoher Sonnblick 3105
Dreiherrnspitze 3499
Rötspitze 3493
Hopfgarten i. D.

VORBEMERKUNGEN

Allgemeines

In diesem Führer sind die Anfahrtsmöglichkeiten (vorrangig jene mit öffentlichen Verkehrsmitteln) zu den Tal- bzw. Ausgangsorten, die Zugänge zu den Hütten der Sektion München des Deutschen Alpenvereins, die Übergänge zu anderen Hütten und die wichtigsten Gipfeltouren beschrieben: einfache Wanderwege, gesicherte Steige, Klettersteige, Klettertouren bis maximal Schwierigkeitsgrad III-, Skitouren und – bei zwei Hüttengebieten – Gletscherbegehungen. Entsprechend der Vielseitigkeit der hier vorgestellten Unternehmungen muß die dafür erforderliche Ausrüstung individuell gewählt werden. Wird mehr als die übliche Bergwanderausrüstung benötigt, so ist dies im Beschreibungskopf vermerkt.

Ausbildung

Viele der hier vorgestellten Touren – besonders jene auf die Hochgebirgsgipfel des Wettersteins, des Mieminger Gebirges, des Watzmannstocks und der Hohen Tauern – sind ernsthafte, wenn auch nicht extrem schwierige Unternehmungen, die solides Können sowohl im Fels als auch im Schnee, im Eis und auf Ski verlangen. Ein alpiner Basis- und ein sich daran anschließender Aufbaukurs, Skitourenkurse, Kurse über Lawinenkunde (bei denen man auch den effizienten Umgang mit Verschütteten-Suchgeräten übt) und Kurse über das Bergen von in Gletscherspalten Gestürzten bilden die Grundlage für verantwortungsbewusstes, selbständiges Unterwegssein im Gebirge.

Informieren Sie sich in der Service-Stelle der Sektion München (siehe Seite 99)!

Gehzeiten

Die angegebenen Gehzeiten basieren auf einer Anstiegsleistung von etwa 350 Höhenmetern bei etwa vier Kilometern Weglänge pro Stunde. Dies entspricht einem zügigen, jedoch nicht allzu anstrengenden Tempo. Beim Abstieg sind 500 Höhenmeter pro Stunde leicht zu schaffen.

Hauptgefahren beim Bergsteigen

- Absturzgefahr wegen mangelnden Könnens oder Konzentrationsmangels, der auch durch Überanstrengung oder Erschöpfung hervorgerufen werden kann;
- Blitzschlaggefahr, deshalb bei Gewitterneigung auf die Tour verzichten;
- Steinschlaggefahr; wird meist durch höher oben Steigende verursacht, deshalb „sauber“ gehen, d.h. keine Steine lösen; aber auch Tiere – z. B. ein Gamsrudel – können Steinschlag auslösen.
- Spaltensturzgefahr, deshalb grundsätzlich nie alleine und immer angeseilt auf verschneiten Gletschern gehen;
- Lawinengefahr, deshalb vor jeder Skitour den Lawinenlagebericht abhören bzw. sich individuell beraten lassen (siehe Seite 108);
- Herz-/Kreislaufschwäche, deshalb ist eine passable Grundkondition, die man sich durch Dauerlaufen, Radfahren, Schwimmen u.a. antrainiert hat, nie verkehrt.

Alpines Notsignal

- Innerhalb einer Minute wird sechsmal in regelmäßigen Abständen ein hörbares (akustisches) Zeichen (Rufen, Pfeifen) oder ein sichtbares (optisches) Signal (Blinken mit Taschen- oder Stirnlampe) abgegeben. Dies wird so lange wiederholt, bis eine Antwort erfolgt.
- Die Rettungsmannschaft antwortet mit dreimaliger Zeichengebung in der Minute.

Mit einem Mobiltelefon („Handy“) läßt sich – so man sich nicht im Funkschatten befindet – der Zeitraum für das Alarmieren der Bergrettung von einigen Stunden auf fünf Minuten nach dem Unfall reduzieren.
Das Bergsteigen als solches aber wird mit dem Handy nicht sicherer.

Notrufnummer in den Alpen

Europäische Notrufnummer: **112**; in Deutschland auch an Festtelefonen, außerhalb Deutschlands nur über Mobiltelefon erreichbar; wird auf die landesüblichen Rufnummern weitergeleitet.

VORBEMERKUNGEN

Unfallmeldung

Um einen raschen Rettungseinsatz zu gewährleisten, müssen die Angaben kurz und präzise sein. Das sogenannte „5-W-Schema" hat sich durchgesetzt:

- **Was** ist geschehen (Art des Unfalls, Anzahl der Verletzten)?
- **Wann** war das Unglück?
- **Wo** passierte der Unfall, wo befindet sich der Verletzte?
- **Wer** ist verletzt, wer macht die Meldung (Personalien)?
- **Wetter** im Unfallgebiet (Sichtweite)?

Umweltbewusstes Verhalten

- Sämtliche Abfälle gehören wieder mit ins Tal.
- „Abschneider" (das Abkürzen von Wegkehren) schädigen nicht nur die Vegetationsdecke und können somit Auslöser für großflächige Erosionen sein, sondern sie belasten auch unnötigerweise die Kniegelenke. Deshalb: Auf den Wegen bleiben.

Murmeltierspuren.

- Straßen- und Fahrwege-Sperrungen sind zu akzeptieren. Parken im Wald und auf Wiesen ist zu unterlassen, es sei denn, der Grundbesitzer hat eine Wiesenfläche ausdrücklich für das Abstellen von Fahrzeugen freigegeben. In den Ausgangsorten gibt es meist genügend geeignete Parkplätze; lieber ein paar Minuten länger gehen.
- Wildtiere nicht beunruhigen; auch auf das Almvieh sollte Rücksicht genommen werden.
- Gatter an Wanderwegen oder Almversorgungsstraßen sind nach Durchschreiten wieder zu schließen.
- Blumen stehen lassen.

Das Bayerische Staatsministerium des Innern hat, zusammen mit dem Deutschen Alpenverein, eine kleine Broschüre „Sanft und sicher – Tipps für Bergwanderer" herausgegeben. Sie ist in der Service-Stelle der Sektion München kostenlos erhältlich.

VORBEMERKUNGEN

Die Kartenskizzen in diesem Führer

dienen der Groborientierung. Es wurden die Sommertouren, nicht aber die Skitouren eingezeichnet. Relativ komplizierte Abfahrtsverläufe wie etwa die Tourenabfahrten von der Alpspitze oder vom Watzmann-Hocheck würden sich auf diesen Kartenskizzen nicht darstellen lassen.

Die Mitnahme spezieller, möglichst großmaßstäbiger Karten (vorzugsweise AV-Karten und Topographische Blätter) ist unerlässlich. Kartenempfehlungen finden Sie jeweils am Schluß der „Hüttendaten".

Kein Weg für verantwortungsvolle Mountainbiker!

Sollte es heutzutage nicht mehr geben.

Mountainbiker

dürfen nur auf ausreichend breiten. befestigten Wegen, Forst- und Almstraßen fahren. Unter ausreichend breiten Wegen versteht man solche, auf denen ein Radfahrer und ein Wanderer bequem aneinander vorbeikommen; das sind Wege, auf denen das Rad etwa quergestellt Platz hat.

Die Vorrangstellung der Fußgänger ist von Bergradfahrern zu beachten. Fußgänger (sprich: Bergwanderer) haben nach dem Naturschutzgesetz grundsätzlich Vorrang.

Es gilt, vorsichtig bergab zu fahren. Bergradfahrer müssen innerhalb der halben überschaubaren Strecke zum Halten kommen können. Dementsprechend sollte die Fahrgeschwindigkeit angepasst sein. Blockierbremsungen sind nach Möglichkeit zu vermeiden. Um nicht mit entgegenkommenden Fahrzeugen zu kollidieren oder Bergwanderer nicht zu gefährden, ist vor unübersichtlichen Kurven besondere Vorsicht angezeigt.

WETTERSTEINGEBIRGE

1 Münchner Haus (2957 m)

Das Münchner Haus, eine der höchstgelegenen Schutzhütten des Deutschen Alpenvereins, steht seit 1897 auf dem Zugspitzgipfel. 1900 wurde das Wahrzeichen des Gipfelhauses, der Meteorologische Turm, fertiggestellt. Beide haben ihre „Gesichter" über die einhundert Jahre ihres Bestehens hinweg kaum verändert; im Gegensatz zur übrigen Gipfelregion, in der drei Seilbahnstationen samt Restaurants, eine Kunsthalle sowie eine Richtfunkstelle Platz haben müssen.

Das Münchner Haus behauptet sich als liebenswertes Baudenkmal des ausgehenden 19. Jahrhunderts inmitten seiner nüchternen (und teilweise ernüchternden) Umgebung. Es lässt sich mit den Bergbahnen vollkommen mühelos, zu Fuß aber nur sehr mühsam erreichen: Die Zugspitze ist Zielpunkt von großzügigen Bergtouren. Sowohl die ausgedehnte Wanderung durch das Reintal und über das „Platt" als auch die teilweise gesicherten Routen aus dem Höllental und aus dem Österreichischen Schneekar sind klassisch-schöne Unternehmungen. Dies gilt in besonderem Maße für den berühmten „Jubiläumsgrat".

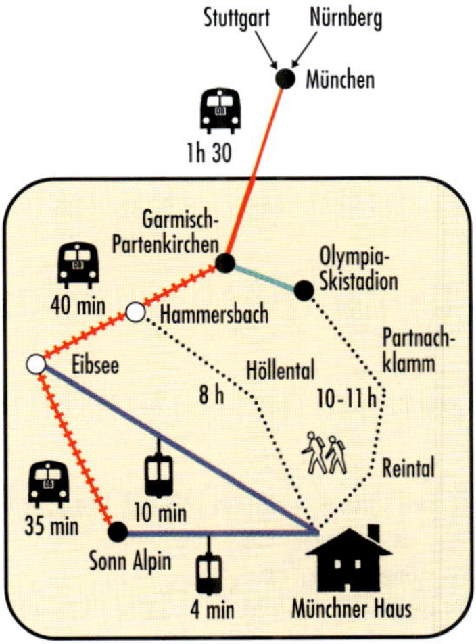

Die Zugspitzbahnen

Zahnradbahn

Ab Zugspitzbahnhof Garmisch-Partenkirchen über Grainau (ab dort Zahnradstrecke), Eibsee und Riffelriß (ab dort Tunnelstrecke) zum Gletscherbahnhof SONN ALPIN (2576 m) auf dem Zugspitzplatt.

Bergfahrten: ab Garmisch zwischen 1. Juli und 31. August stündlich ab 7.35 Uhr (sonst ab 8.35 Uhr), vom Eibsee stündlich ab 8.15 Uhr (sonst ab 9.15 Uhr).

1 Münchner Haus

Allgemein zugängliche, bewirtschaftete Hütte

Talorte: Garmisch-Partenkirchen (707 m), Hammersbach (758 m), Obergrainau (760 m), Ehrwald (994 m).

Anfahrt: Garmisch-Partenkirchen ist Bahnstation. Ab Bahnhof fahren RVO-Busse sowohl nach Hammersbach und Grainau als auch zum Olympia-Skistadion. Mit dem Kfz erreicht man Garmisch

- auf der A 95 (Autobahn München-Garmisch) bis Autobahnende; weiter auf der B 2 über Oberau und durch den neuen Tunnel;
- auf der B 2 über Weilheim/Murnau bzw. auf der B 23 über Schongau/Peiting/Oberammergau nach Oberau;
- auf der B 11 über Kochel, Walchensee, Wallgau und Krün;
- auf der österreichischen Bundesstraße 187 und auf der B 23 von Ehrwald über Griesen.

Hammersbach, Ortsteil des westlich von Garmisch-Partenkirchen gelegenen „Zugspitzdorfes" Grainau, ist sowohl Station der Bayerischen Zugspitzbahn (deren Ausgangsbahnhof befindet sich unmittelbar neben dem DB-Bahnhof Garmisch-Partenkirchen) als auch der Bahnlinie Garmisch-Ehrwald-Reutte (Haltestelle „Grainau" etwa ein Kilometer nördlich des Ortes).

Mit dem Kfz erreicht man Hammersbach von Garmisch oder vom Zollamt Griesen; Abzweigung von der B 23 zwischen jener zur Kreuzeck- bzw. Alpspitzbahn und der nach Grainau bzw. zum Eibsee. In Hammersbach großer Parkplatz.

Obergrainau ist gleichwohl Station der Bayerischen Zugspitzbahn. Mit dem Kfz erreicht man es ab B 23 (Hinweisschild Grainau/Eibsee) über Untergrainau. Auch in Obergrainau gibt es einen Großparkplatz.

Ehrwald ist Bahnstation und wird vom nordwestlich außerhalb des Ortes gelegenen Bahnhof per Bus erreicht. Anfahrt mit dem Kfz

- auf der B 23 und der österreichischen Bundesstraße 187 von Garmisch-Partenkirchen über Griesen;
- auf der A 7 (Autobahn Ulm-Kempten-Füssen) und der österreichischen Bundesstraße 314 über Reutte und Lermoos.

Telefon Hütte: 08821/2901.

Telefon Tal: 08821/79300.

Bewirtschaftet: Mai bis Oktober. Außerhalb der Bewirtschaftungszeiten ist das Münchner Haus nicht zugänglich.

Schlafplätze: 30.
Raumaufteilung: 16 Schlafplätze im Unter-, 14 Schlafplätze im Obergeschoss.
Achtung: Vorbestellung von Schlafplätzen für Familien, Einzelbergsteiger und Kleingruppen bei Übernachtung Sonntag bis Freitag möglich. (An Wochenenden können generell keine Schlafplätze reserviert werden.) Zuweisung der Restschlafplätze: Für AV-Mitglieder ist die Reihenfolge des Eintreffens maßgebend. Die vorbestellten Plätze können bei Nichtankunft/Nichtbenachrichtigung ab 15.00 Uhr vergeben, die Zimmerlager bei Bedarf doppelt belegt werden.
Im Bereich des Münchner Hauses (Gast-/Schlafräume, Terrasse) sind Feuer und offenes Licht verboten.

Eignung für Familien:
Das Münchner Haus ist „Anlaufstation" für Familien mit größeren Kindern (etwa ab 10/12 Jahren), die bereits die Ausdauer haben, eine der Routen auf die Zugspitze – etwa, mit Zwischenübernachtungen, den Reintalweg oder den gesicherten Steig von der Wiener-Neustädter-Hütte herauf – zu schaffen. Mit einer der Bergbahnen gelangen auch kleinere Kinder zum Münchner Haus. Doch sollten die Eltern jederzeit ein „waches Auge" auf sie haben: Außerhalb der Gipfel-Betonplattformen ist Absturzgelände!
Karten: AV-Karte Wetterstein- und Mieminger Gebirge, Mittleres und Östliches Blatt, jeweils 1:25000; Topogr. Karte Karwendelgebirge/Werdenfelser Land, 1:50000.

Talfahrten: ab Gletscherbahnhof stündlich von 10.00 Uhr bis 16.00 Uhr, ab Eibsee stündlich von 10.45 Uhr bis 16.45 Uhr.
Fahrzeiten: ab Garmisch 1 1/4 Std., ab Grainau 1 Std., ab Eibsee 35 Min.

Gletscherbahn
Ab Gletscherbahnhof SONN ALPIN zum Zugspitzgipfel. Verkehrt jede halbe Stunde während der Betriebszeiten der Zahnradbahn sowie der Eibsee-Seilbahn. Zwischenfahrten nach Bedarf.
Fahrzeit: 4 Min.

Eibsee-Seilbahn
Ab Eibsee zum Zugspitzgipfel. Verkehrt von 8.00 Uhr bis 16.00 Uhr jede halbe Stunde. Zwischenfahrten nach Bedarf.
Fahrzeit: gut 10 Min.

Tiroler Zugspitzbahn
Ab Ehrwald-Obermoos zum Zugspitzgipfel. Verkehrt von 8.45 Uhr bis 16.00 Uhr alle 20 Min.
Fahrzeit: 1/4 Std.

Wanderwege

Kleine aber wichtige Vorbemerkung:
Touren an der Zugspitze sind generell hochalpine und sehr lange Unternehmungen mit Höhenunterschieden bis über 2200 Meter. Selbst der einfachste Zugspitz-Gipfelaufstieg erfordert Trittsicherheit und Schwindelfreiheit. Alle anderen Routen und

insbesondere der „Jubiläumsgrat“ sollten ausschließlich Ziele für konditionsstarke, routinierte Bergsteiger, die den II. Schwierigkeitsgrad der UIAA-Skala sicher beherrschen, sein.

1 Von Partenkirchen über Reintalanger- (1367 m) und Knorrhütte (2052 m)

Dauer: *10 bis 11 Std.*
Anforderung: *Markiert, AV-Weg Nr. 801. Für den Gipfelanstieg sind Trittsicherheit und Schwindelfreiheit erforderlich. Bei Schneelage und/ oder schlechter Sicht verlangt das Wegstück über das Zugspitzplatt gutes Orientierungsvermögen. Bis zum Gletscherbahnhof – bei Übernachtungen auf der Reintalanger- und auf der Knorrhütte – gut für größere Kinder ab etwa 10 Jahren geeignet.*

Die Reintalroute auf die Zugspitze ist die technisch einfachste Möglichkeit, zum Münchner Haus zu gelangen. Doch welch großartige Eindrücke vermittelt dieser Weg: tosende Wasser in der **Partnachklamm,** die geheimnisvollen Blauen Gumpen, die Felsenwüste der Hochwanner-Nordwand, und nach den letzten „grünen Inseln“ die

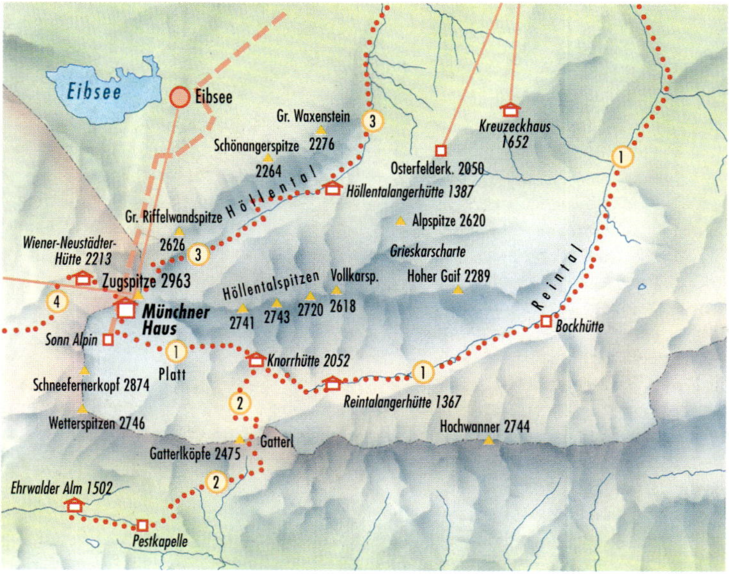

In der Partnachklamm.

faszinierend-karge Weite des „Platts".

Vom Skistadion Garmisch-Partenkirchen entweder zu Fuß oder mit einer der Pferdedroschken nach Wildenau zum Gasthof Partnachklamm und auf gutem Weg zum Klammeingang. Eindrucksvoll durch die düstere Klamm mit ihren glatten Wänden. Nach dem Klammende zu einem Pavillon und zu Wegverzweigung. Wir folgen den Wegweisern „Reintalangerhütte/Knorrhütte" und damit dem südsüdwestlich taleinwärts führenden Fahrweg. Ab der Abzweigung in Richtung Kreuzeck (in Höhe der östlich der Partnach aufragenden, zerrissenen Hauptdolomitgebilde des Schindeltalschrofens) kann man auf schmalem Pfad noch eine Weile unmittelbar neben dem Bach taleinwärts gehen, ehe man wieder auf die Fahrstraße trifft. Sie führt mit zwei Kehren am rechtsseitigen Talhang aufwärts und oberhalb der Mitterklamm talein. Noch ehe es wieder zur Partnach hinuntergeht, endet die Fahrstraße.

Jetzt, oberhalb der Hinterklamm, wird der Reintalweg erst richtig schön. Man passiert die Abzweigung „Oberreintal/Schachen" und bald darauf die Bockhütte (1052 m), und erreicht nach kurzweiligem Auf und Ab die geheimnisvolle Vordere Blaue Gumpe. Zuletzt gehts, angesichts der 1400-Meter-Wand des Hochwanners, etwas steiler bergauf zur herrlich gelegenen **Reintalangerhütte** (1367 m, siehe Seite 30).
5 bis 5 1/2 Std.

Weiter zum Oberen Anger (Talschluss, Schafweide). Von dort erst noch mäßig, dann aber recht steil in Kehren empor zu Wegverzweigung. Jetzt entweder scharf rechts ab (Bezeichnung „Felsensteig" links, Muliweg rechts), in Kehren über eine Geröllhalde aufwärts und westlich, dann nordwestlich hinauf zur **Knorrhütte** (2052 m, siehe Seite 25). Oder ab Wegverzweigung weiter dem Taleinschnitt („Brunntal"; bei Neuschnee Lawinengefahr) folgen und von Süden her zur Hütte. Jeweils etwa 2 Std.

Knorrhütte mit Schneefernerkopf.

Von der Knorrhütte über eine Karstufe in Serpentinen nordwestlich hinauf zur Geröllwüste des Zugspitzplatts. Über dessen Mulden und Buckel den Markierungen folgend zum flachen Karboden mit dem **Gletscherbahnhof** SONN ALPIN (2576 m) samt Kapelle. 1 1/2 Std.

Nun entweder bequem mit der Gletscherbahn zum Zugspitzgipfel. Oder noch vor dem Gletscherbahnhof über den steilen Geröllhang rechts hinauf, vorbei am (nicht mehr als Hotel, sondern teilweise als Forschungsstation geführten) **Schneefernerhaus** (2656 m) und rechts (nordöstlich) in Kehren über Geröll zu den Felsen. Man folgt den Sicherungen über Platten hinauf zum Grat. Auf und neben ihm zum Münchner Haus. 1 1/2 Std.

2 Von Ehrwald über Ehrwalder Alm (1502 m), Feldernjöchl (2040 m), Gatterl (etwa 2020 m) und Knorrhütte

Dauer: *6 1/2 Std. ab Ehrwalder Alm.*
Anforderung: *Markiert, AV-Wege 801A, 815, 801. Ab Knorrhütte ist dieser Anstieg mit dem von Partenkirchen durchs Reintal herauf identisch. Bergsteigerische Anforderungen/Eignung für Kinder siehe dort.*

Dieser Zugang ist der einfachste Weg von der Tiroler Seite zum Münchner Haus; weniger lang, weniger anstrengend als die Reintalroute, doch landschaftlich ebenfalls grandios. Die 1000 Meter hohe, graugelb-rote „Wetterwand" des Zugspitzstocks imponiert als Blickfang im ersten Teil des Aufstiegs. Später stehlen ihr die Pfeiler der Hochwand in der südlich aufragenden Mieminger Kette die Schau.

Die Hochwand vom Weg Ehrwalder Alm – Gatte

Von Ehrwald-Zentrum südöstlich zur Talstation der Ehrwalder-Alm-Bahn. Am bequemsten mit der Kabinenbahn auf die Ehrwalder Alm. (Dorthin zu Fuß auf guten Wanderwegen 1 1/2 Std.). Nun in Ostrichtung über das Almgelände zur Pestkapelle, wo der Weg zur Knorrhütte links (nördlich) abzweigt. Durch Wald gelangt man auf die freien Hänge unterhalb der Steilwände und wandert am Sockel der Gatterlköpfe vorbei bis ins Feldernjöchl (2040 m). Jetzt in Nordostrichtung erst etwas abwärts, dann steil empor und durch Felsen zum

Gatterl (etwa 2020 m). 2 1/2 Std. Drüben in Kehren hinab aufs Platt und dem Plattsteig folgend in 1 Std. zur Knorrhütte. Weiter wie auf den Seiten 17 und 18 beschrieben.

Die gesicherten Steige

3 Von Obergrainau oder von Hammersbach durchs Höllental und über den Höllentalferner

Dauer: *8 Std.*
Anforderung: *Großteils markiert. Sehr gute Kondition, Schwindelfreiheit, absolute Trittsicherheit und etwas Klettergewandtheit sind erforderlich. Steinschlaggefahr durch Voraussteigende.*
Ausrüstung: *Klettersteig-Sicherheitsausrüstung (siehe Seite 134), Eispickel, Steigeisen.*

Der klassische Zugspitzanstieg! „Leiter", „Brett", der Höllentalferner mit seiner Randkluft und die gut gesicherte Gipfelwand sind „Stationen", die geübte BergsteigerInnen ganz einfach erlebt haben müssen!

Wie auf den Seiten 35 bis 38 beschrieben zur **Höllentalangerhütte** (1381 m, 2 bis 2 1/2 Std.). Von dort auf gutem Weg westlich in den Talschluss. Nun rechts an den Hängen aufwärts bis zu Wegteilung. Dort nicht rechts empor in Richtung Riffelscharte, sondern nach links zu den ersten Drahtseilen. Durch ein gesichertes Klamml hinauf und weiter zu einer mit Klammern gangbar gemachten Wandstelle, der „Leiter". Über diese empor und an guten Sicherungen einen ausgesetzten Plattenschuss (das „Brett") queren. Man gelangt in einen kleinen Kessel, verlässt ihn nach links und erreicht auf deutlichem Steig den „Grünen Buckel". Mühsam zum geröllbedeckten, untersten Eisfeld

Höllentalroute, Gipfelwand.

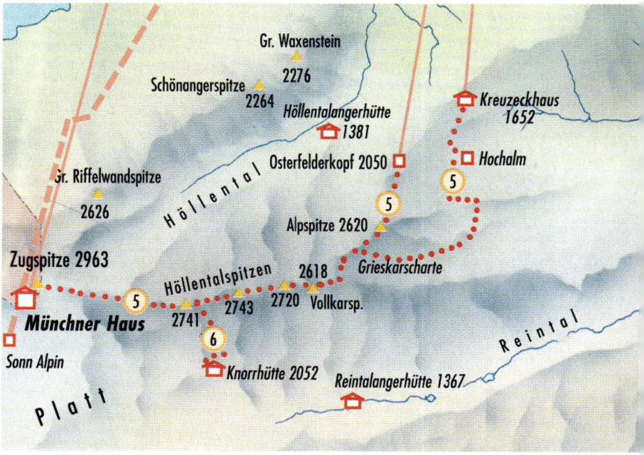

des Höllentalferners. (Rechts oben die eindrucksvollen Steilwände der Riffelköpfe.) Man steigt zunehmend steil etwa in Gletschermitte empor und wendet sich oberhalb der beeindruckenden Querspalten nach rechts zur Randkluft. Über sie hinweg (bei starker Ausaperung heikel; die jenseitigen Felsen sind glattgeschliffen und griffarm; es gibt jedoch links eine Umgehung, die Seile sind allerdings oft beschädigt) und auf eine Terrasse. 3 1/2 bis 4 Std.

Nun schräg rechts, dann links hinauf und den Sicherungen folgen. Eine Klammernreihe an glatter Wand rechts aufwärts ist die eindrucksvollste Stelle der Gipfelwand. Bald darauf an einem Sporn empor. Danach im wesentlichen schräg südwestlich hinauf in die Irmerscharte (2660 m). Von dort den Sicherungen folgend (im Frühsommer meist Schneeflanke!) zum **Zugspitze-Ostgipfel** mit seinem erneuerten, berühmten Kreuz. Der Übergang zu den Zugspitzbauten und -plattformen und zum Münchner Haus erfolgt über eine Leiter und eine gesicherte Scharte. 2 Std.

4 Von Ehrwald über Wiener-Neustädter-Hütte (2213 m) und Österreichisches Schneekar

Dauer: *5 Std.*

Anforderung: *Markiert, AV-Weg Nr. 801. Gute Kondition, Schwindelfreiheit und absolute Trittsicherheit sind erforderlich. Teilweise erhebliche Steinschlaggefahr durch Voraussteigende.*

Ausrüstung: *Klettersteig-Sicherheitsausrüstung (siehe Seite 134).*

Die „Light-Ausführung“ der Höllentalroute und in der Tat der kürzeste Zugspitzaufstieg – aber trotzdem nicht zu unterschätzen. Auch hier gibt es steilen, gut gesicherten Fels.

Von Ehrwald-Obermoos (1228 m, Talstation der Tiroler Zugspitzbahn) auf bezeichnetem Weg teilweise über die ehemalige Skipiste, teils durch

Latschen südwestlich hinauf bis unter das Gamskar und darin mit Kehren empor zur aufgelassenen Mittelstation der alten Tiroler Zugspitzbahn. Weiter auf dem an manchen Stellen gesicherten, schmalen, mitunter etwas ausgesetzen „Georg-Jäger-Steig“ zur **Wiener-Neustädter-Hütte** (Österreichischer Touristen Klub, bewirtschaftet von Anfang Juli bis Ende September, 34 Schlafplätze, Tel. 00 43-676/477 09 25).
2 1/2 Std.

Von der Hütte östlich ins Österreichische Schneekar und mit Kehren hinauf zu den Wänden der Zugspitze-Westflanke. Mit Hilfe der guten Sicherungen durch eine schräge, teils von Felsen überdachte Rampe („Stopselzieher“) empor. Danach über weniger steiles, geröllbedecktes Gelände südlich hinauf und den Sicherungen folgend zur Bergstation der alten Tiroler Zugspitzbahn. Weiter auf und neben dem Südwestgrat zur neuen Bergstation und an allen Grenzhäuschen vorbei zum Münchner Haus.
2 1/2 Std.

Die gesicherten Kletterrouten

5 Vom Osterfelderkopf über Alpspitze-Ferrata, Grieskarscharte (2463 m) und Höllentalspitzen (Jubiläumsgrat)

Dauer: *11 bis 13 Std.*

Anforderung: *Spärlich markiert. Der II. Schwierigkeitsgrad des Felskletterns muss seilfrei beherrscht werden! Bei Vereisung und/oder Neuschnee wird diese Tour gefährlich. Sie ist*

Abstieg über den Alpspitze-Südwestgrat zur Grieskarscharte; im Hintergrund der Jubiläumsgrat.

Die Vollkarspitze bzw. das, was von ihr nach zwei Felsstürzen übrig geblieben ist.

daher nur bei bestem Wetter und bei guten Verhältnissen anzuraten.
Ausrüstung: *Klettersteig-Sicherheitsausrüstung (siehe Seite 134).*
Das Non-Plus-Ultra am höchsten Wettersteinberg! Viel Klettersteig, aber auch einiges an freiem Gehen. Ein schier endloses Auf und Ab an jähem Fels und schmalen Gratschneiden. Die Route für gute Bergsteiger.

Von der Bergstation der **Alpspitzbahn** (2050 m, erste Fahrt im Sommer um 8.00 Uhr) der eindeutigen Beschilderung und Bezeichnung nach zuerst gemeinsam mit dem „Nordwandsteig" an den Fuß der Alpspitze-Nordwand (eigentlich Nordostwand). Bald zweigt die sogenannte „Ferrata" nach rechts ab. Sie beginnt anregend steil und gut gesichert (Klammern, Drahtseile), führt nach einer kurzen Geröllstrecke über eine üppig abgesicherte Platte (Klammern) hinauf und leitet in gleichem Stil durch den nicht allzu steilen, westlichen Teil der Nordwand zum Nordwestgrat. Auf ihm weiter. Unterhalb des Gipfelaufbaus führt nach rechts ein Band in die Nordwestflanke, dem man folgt. Dann entweder durch eine Rinne hinauf zum **Alpspitzgipfel** (2620 m), oder den Sicherungen unter Umgehung des Gipfels schräg rechts hinaus zum Südwestgrat folgen. Über den gut gesicherten Grat hinunter in die Grieskarscharte (2463 m) und südwestlich über Geröll und Platten (oft nass; im Frühsommer steiles Schneefeld!) zur so genannten „Falschen Grieskarscharte“ am Hochblassen-Nordwestabbruch. Jenseits durch eine gesicherte Rinne auf eine geröllbedeckte Schrofenflanke hinab und über diese links hinauf zum Jubiläumsgrat. 3 Std.

Man folgt nun den spärlichen Markierungen und Sicherungen in Westrichtung und gelangt auf die **Vollkarspitze** (2618 m). Jenseits sehr steiler, anstrengender, jedoch gut gesicherter Abstieg (neue Routenführung wegen Felsausbruchs). Der bald danach folgende, schroffe Aufschwung zur **Äußeren Höllentalspitze** (2720 m) wird ebenfalls an guten Sicherungen erklettert. Ohne Schwierigkeiten zur **Höllentalgrathütte** (2684 m, DAV-Sektion München, offene Unterstandshütte für Notfälle) und in leichtem Gelände westlich zur **Mittleren Höllentalspitze** (2743 m). Westseitig steiler Abstieg an Sicherungen und weiter zur Einmündung des Brunntalgrat-Steiges (siehe Seite 24; Notabstiegsmöglichkeit zur Knorrhütte). Auf dem Grat unschwierig zur **Inneren Höllentalspitze** (2741 m). 3 Std.

Jenseits an steilem, teilweise gesichertem Fels hinunter, zuletzt entlang der Westwand auf einem breiten Band abwärts und über geröllbedeckte Schrofen rechts hinauf zu einer Graterhebung. Drüben an Sicherungen abwärts, um einen kleinen Gratturm südlich herum und mit Hilfe guter Drahtseile an einem sehr steilen Grataufschwung empor. Ohne Schwierigkeiten bis zu einem Gratzacken, den man überschreitet. Den nächsten größeren Aufschwung ersteigt man südseitig an guten Sicherungen. Nach dem darauf folgenden Wandstück (II) wird der Grat teilweise sehr schmal und ausgesetzt. Bald an guten Griffen und Tritten in eine Scharte hinab und jenseits an brüchigem, rotgelbem Fels (II, vereinzelte alte Eisenstifte) empor. Nun wird der Grat merklich „zahmer“. Man folgt ihm so lange, bis man die Steiganlage, bald darauf die Einmündung des Höllentalanstiegs und den **Zugspitze-Ostgipfel** erreicht. 4 bis 4 ½ Std. Von dort den Sicherungen folgend zu den Zugspitzbauten und -plattformen und zum Münchner Haus.

Achtung: Nur sehr sicheren und schnellen Bergsteigern ist es möglich, nach Auffahrt mit der ersten Alpspitzbahn den Zugspitzgipfel über den Jubiläumsgrat **an einem Tag**

öllentalgrathütte.

Der brüchige Aufschwung (II) im letzten Teil des Jubiläumsgrats.

zu erreichen. Deshalb wird gerne auch im **Kreuzeckhaus** (1652 m, DAV-Sektion Garmisch-Partenkirchen, bewirtschaftet von Mitte Mai bis Mitte November, 100 Schlafplätze, Tel. 0 88 21/22 02; Zufahrt mit der Kreuzeckbahn) übernachtet, anderntags sehr früh gestartet und über die „Schöngänge" (gesicherter Steig, siehe Seite 57) das Grieskar, die Grieskarscharte und der Jubiläumsgrat erreicht. (Etwa 4 1/2 Std.)

Mitglieder der DAV-Sektion München können hierfür die **Tröglhütte** (1429 m, siehe Seite 52) als Stütz- und Ausgangspunkt nutzen.

6 Von der Knorrhütte über den Brunntalgrat-Steig und den Jubiläumsgrat

***Dauer:** 6 1/2 bis 7 Std.*
Bergsteigerische Anforderungen und Ausrüstung siehe „Jubiläumsgrat".
Die etwas bequemere Möglichkeit, das anspruchsvollste Teilstück des Jubiläumsgrates zu erreichen: entweder klassisch, sprich durch das Reintal (siehe Seite 16); oder als Rundtour mit Hilfe von Bergbahnauf- und -abfahrt (siehe Seite 13 und 15).

Von der Knorrhütte ein kurzes Stück in Richtung Zugspitzplatt, dann den Bezeichnungen folgend rechts (nördlich) steil über Geröll zu den Felsen. Durch eine steile Rinne östlich empor und auf Steigspuren zu einem Grasfleck nördlich des Brunntalkopfes. Nun in Nordrichtung auf Steigspuren über Gras und Geröll aufwärts, bis der Grat felsig wird. Den Sicherungen folgen, bald direkt auf der Grathöhe weiter, dann längere Querung mit kurzem Abstieg in der Südwestflanke. Man gelangt in ein Schartl und steigt über eine mit Stiften gesicherte Platte hinunter. Danach Querung in der plattigen Ostflanke (Vorsicht bei Nässe!) und links empor zum Jubiläumsgrat. 2 1/2 Std. Weiter wie auf Seite 23 beschrieben.

2 Knorrhütte (2052 m)

Die Knorrhütte steht an der Schwelle des Zugspitzplatts südwestlich unterhalb des Brunntalkopfes. Sie ist das älteste Schutzhaus im Wettersteingebirge. Ihr Urbau wurde, auf Anregung und im Auftrag des Botanikers Otto Sendtner, bereits 1855 fertiggestellt. Benannt worden ist das Hüttl nach dem Münchner Kaufmann Angelo Knorr, der den Löwenanteil der Baukosten trug.

Ab 1872 erweiterte und erneuerte die Sektion München den wichtigen, jedoch arg heruntergekommenen Zugspitz-Stützpunkt. Sein heutiges Erscheinungsbild gewann er im großen und ganzen durch die Erweiterungs- und Umbaumaßnahmen von 1913 und 1929.

Die Knorrhütte ist das der Zugspitze nächstgelegene Schutzhaus auf bayerischem Boden und auch ein idealer Ausgangspunkt für den gesicherten Steig auf die Innere Höllentalspitze. Aber auch der Hochwanner,

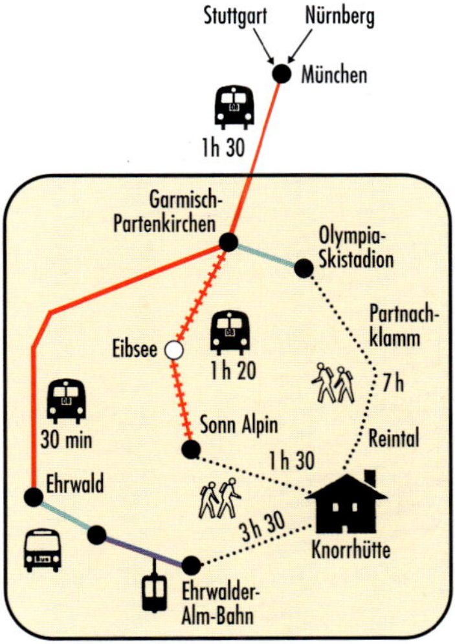

der höchste Gipfel des Wettersteinkammes, wird von der Knorrhütte aus erstiegen.

Zugänge

1 Vom Gletscherbahnhof SONN ALPIN (2576 m) über das Zugspitzplatt

Dauer: *Knapp 1 1/2 Std.*
Anforderung: *Markiert, AV-Weg Nr. 801; nur Abstieg. Trittsicherheit ist angenehm. Bei dichtem Nebel schwierige Orientierung; dann genau auf die Markierungen und vor allem auf die Markierungsstangen achten.*
Dies ist der kürzeste, bequemste Zugang zur Knorrhütte.

2 Knorrhütte

Allgemein zugängliche, bewirtschaftete Hütte

Talort: Garmisch-Partenkirchen (707 m).
Anfahrt: siehe Seite 14.
Telefon/Fax Hütte: 0 88 21/29 05.
Telefon Tal: 0 83 70/97 67 50.
Bewirtschaftet: Mitte Mai bis Anfang Oktober.
Schlafplätze: 125.
Raumaufteilung: sieben Zimmerlager mit insgesamt 34, vier Lager mit insgesamt 88 Schlafplätzen.
Winterraum: nur offene Notunterkunft mit vier Lagern.
Sanitäre Einrichtungen: Damen- und Herren-Waschraum, WC, Trockenraum.
Eignung für Familien: Die Knorrhütte wird kinderfreundlich geführt und ist für Familienübernachtungen gut geeignet. Ihre unmittelbare Umgebung birgt keine Gefahren, und mit etwas Phantasie lässt sich um die Hütte herum auch manch spannendes Spiel durchführen. Allerdings sollten die Eltern darauf achten, dass die Kinder nicht im Eifer des Herumtobens an den relativ nahegelegenen Felsen herumkraxeln.
Karten: AV-Karte Wetterstein- und Mieminger Gebirge, Mittleres und Östliches Blatt, jeweils 1:25000; Topogr. Karte Karwendelgebirge/ Werdenfelser Land, 1:50000.

Mit der Bayerischen Zugspitzbahn (Zahnradbahn) zum Gletscherbahnhof auf dem Zugspitzplatt. Von dort auf Steigspuren (bis weit in den Sommer hinein über Schnee) in Ostnordost-Richtung zum Zugspitzweg und auf ihm (Markierungen, 40 Signalstangen) über die Buckel und durch die Mulden des „Platts", zuletzt mit Kehren hinunter zur Knorrhütte.

2 Von Partenkirchen durch das Reintal und über die Reintalangerhütte

Dauer: *7 bis 7 ½ Std.*
Anforderung: *Markiert, AV-Weg Nr. 801. Unschwierige Wanderroute. Für den Wegabschnitt Reintalangerhütte – Knorrhütte ist Trittsicherheit erforderlich.* *Beschreibung siehe Seite 16.*

3 Von Ehrwald über die Ehrwalder Alm und das Gatterl

Dauer: *3 1/2 Std.*
Anforderung: *Unschwierige Wanderroute.* *Beschreibung siehe Seite 18.*

Übergänge

4 Von der Knorrhütte über Gatterl, Feldern- und Wannigjöchl (2186 m) zum Steinernen Hüttl

Dauer: *2 ½ Std.*
Anforderung: *Markiert, AV-Wege Nr. 815/816. Trittsicherheit ist erforderlich. Nicht unternehmen, wenn im Wegabschnitt Feldernjöchl – Wannigjöchl noch Schnee liegt!*

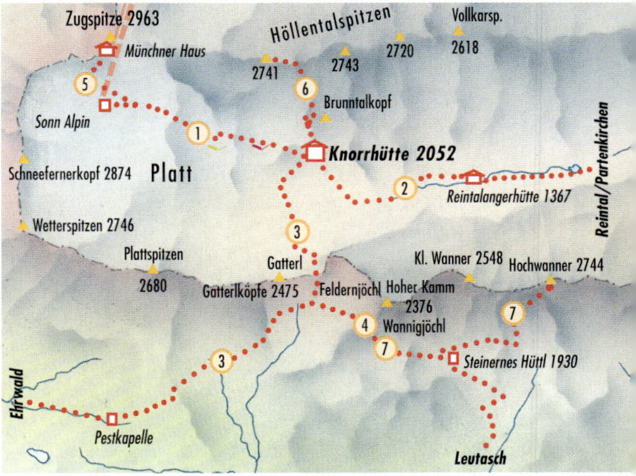

Ein interessanter Weg, der aus der Steinwüste des Zugspitzplatts auf die zwar grünere, jedoch ebenfalls herbschöne Wetterstein-Südseite führt.

Von der Hütte westlich, dann südlich auf dem „Plattsteig" ins Gatterl. Jenseits durch Felsen abwärts und noch ein Stück steil hinunter, dann kurzer Gegenanstieg ins Feldernjöchl (2040 m, siehe auch Seite 18). Dort links (südöstlich) ab. Man folgt jetzt dem „Südsteig". Er führt erst auf dem Grasrücken entlang, quert dann in die mergelige Nordflanke und leitet in einen Sattel (2163 m). Von dort an der Südflanke hinüber ins Wannigjöchl (auch Kotbachsattel) zwischen Hohem Kamm und Haberlehnkopf.

Vom Jöchl in Kehren östlich hinunter (bis weit in den Sommer hinein Schneefelder) und am Fuß des Haberlehnkopfs entlang, zuletzt über steinige Weiden abwärts zum **Steinernen Hüttl** (1930 m, einfachste Almwirtschaft, nur beschränkte und primitive Unterkunftsmöglichkeit).

Weiterwege: Abstieg zur Tilfußalm (1391 m) und damit ins Gaistal, 1 Std. Übergang über den Niedere-Munde-Sattel (2055 m) zum Alplhaus (1506 m) möglich. (Gut 3 Std., siehe Seite 67) Oder auf dem „Südsteig" über Mitterjöchl, Rotmoosalm und Telfer Leger zur Wangalm (1753 m) bzw. zur Wettersteinhütte (1751 m). 4 Std.

Der Südsteig könnte freilich auch, ohne zur Wangalm abzusteigen, bis zum Scharnitzjoch (2048 m) fortgesetzt werden. Von dort Abstieg durch das landschaftlich herrliche Puittal nach Leutasch-Gasse.

Wannigjöchl (Bildmitte oben) vom Mitterjöchl.

Gipfeltouren

5 Zugspitze (2963 m)
Aufstiegszeit: *3 Std.*
Anforderung: *Markiert, AV-Weg Nr. 801. Trittsicherheit, Schwindelfreiheit und – bei Schneelage und/oder schlechter Sicht – auch gutes Orientierungsvermögen erforderlich.*
Beschreibung siehe Seite 17/18.

6 Innere Höllentalspitze (2741 m)
Aufstiegszeit: *2 1/2 Std.*
Anforderung: *Für den Brunntalgrat-Steig sind absolute Trittsicherheit und Schwindelfreiheit erforderlich.*
Beschreibung siehe Seite 23 und 24.
Mit dem Gipfel der Inneren Höllentalspitze hat man den Jubiläumsgrat erreicht, über den man sowohl zur Zugspitze (4 1/2 bis 5 Std.) als auch – über Mittlere Höllentalspitze, Höllentalgrathüttl, Äußere Höllentalspitze und Vollkarspitze – zur Grieskarscharte (3 Std.) gelangen kann. Beschreibung siehe Seite 23.

7 Hochwanner (2744 m)
Aufstiegszeit: *Etwa 5 Std.*
Anforderung: *Sehr gute Kondition, absolute Trittsicherheit (eine Passage I) und Orientierungsvermögen sind unbedingt notwendig. Die Tour sollte nur bei erstklassigen Sichtverhältnissen unternommen werden. Stellenweise Steinschlaggefahr durch Voraussteigende.*

Die Hochwanner-Nordwand ist das Schaustück, ist Blickfang, wenn

man vor der Knorrhütte steht. Doch dieser höchste Gipfel des Wettersteinkammes lässt sich auch verhältnismäßig einfach über seine Südwestflanke ersteigen.

Von der Hütte wie auf Seite 27 beschrieben über „Plattsteig“, Gatterl, Feldern- und Wannigjöchl zum Steinernen Hüttl. 2 1/2 Std.

Vom Steinernen Hüttl folgt man dem „Südsteig“ erst nördlich in den Bachgraben, dann östlich hinauf ins Mitterjöchl (2100 m). Nun in Nordrichtung auf dem Grasrücken, dann über Geröll mühsam zu einer Schrofenwand. Entweder durch eine breite, brüchige Rinne empor (I, am Einstieg Steinmanndl), oder links unterhalb des Abbruches entlang-

Hochwanner-Gipfelkreuz und Mieminger Kette.

queren, bis man die Schrofenwand schräg rechts hinauf einfacher überlisten kann (Steinmänner).

Achtung: Wegen Steinschlaggefahr durch höher oben Steigende ist es, wenn mehrere Bergsteiger unterwegs sind, ratsam, die erwähnte brüchige Rinne links zu umgehen. Beim Queren oberhalb der Rinne unbedingt „sauber" steigen, das heißt, keine Steine auslösen!

Oberhalb der Schrofenwand auf etwas exponiertem Steig ins Hochwannerkar, das – teilweise über geröllbedeckte Platten – im Bogen östlich bis zu einer Schulter gequert wird. Von dort nördlich über Geröll und schuttbedeckte Schrofen auf den Hochwannergipfel mit Kreuz und Signalstange.

Abstieg: Auf der Anstiegsroute. Etwa 3 1/2 Std.

Hinweis: Geübte Bergsteiger mit sehr gutem Orientierungsvermögen überschreiten vom Wannigjöchl aus (siehe Seite 27) den gesamten **Hohen Kamm** (2375 m) bis zum Gratansatz des Kleinen Wanners. Von dort rechts unterhalb der Südabstürze des Kleinen Wanners entlang über Geröll und Gras bis zu der vom Mitterjöchl heraufleitenden Pfadspur queren. Man erreicht sie an der Stelle, wo sie nach rechts aufwärts gegen die erwähnte Schrofenwand hinführt. Etwa 1 1/4 Std. vom Sattel. Weiter wie beschrieben.

3 Reintalangerhütte (1367 m)

Die Reintalangerhütte war das erste neue Hüttenprojekt, das die Gründersektion München des Deutschen Alpenvereins in ihrem Ur-Arbeitsgebiet Wettersteingebirge realisierte: Partenkirchen überließ unentgeltlich Bauplatz und -holz, und 1881 stand in einem der großartigsten Talschlüsse der Nordalpen eine Blockhütte. Der stattliche Bau, der heutzutage den Reintalanger schmückt, stammt aus den Jahren 1912/13. Das alte Blockhäuschen daneben aber erinnert an die frühe touristische Erschließerzeit des Alpenvereins.

Die Umgebung der Hütte ist großartig. Über 1000 Meter hoch ragen die Nordwände von Kleinem Wanner und Hochwanner auf. Im Norden des Schutzhauses beeindrucken die eigenartigen Klötze der beiden Kirchtürme, und die Westschau wird von den Gatterlköpfen und von der Östlichen Plattspitze dominiert.

Für die großzügigen Kletterrouten an den beiden Wannern ist die Reintalangerhütte der ideale Stützpunkt. Ebenso für Felstouren an den Kirchtürmen und für die selten gekletterten südseitigen Routen an Hochblassen und Blassenspitze. Der „Schützensteig" ermöglicht geübten Bergsteigern einen zwar anstrengenden, jedoch landschaftlich hervorragend schönen Übergang ins Keuzeckgebiet.

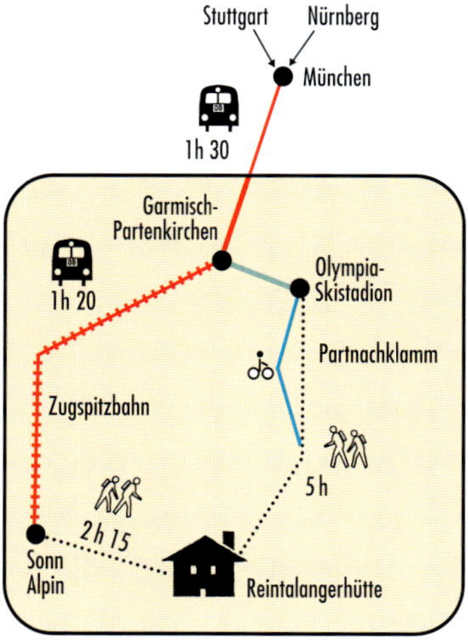

Im Reintal bei der Bockhütte.

Zugänge

1 Vom Gletscherbahnhof SONN ALPIN (2576 m) über das Zugspitzplatt und die Knorrhütte
Dauer: *2 ¼ Std.*
Anforderung: *Markiert, AV-Weg Nr. 801; nur Abstieg. Trittsicherheit ist notwendig. Bequemster und schnellster Zugang. Beschreibung siehe Seiten 26 und 17.*

2 Von Partenkirchen durch das Reintal
Dauer: *5 bis 5 ½ Std.*
Anforderung: *Markiert, AV-Weg Nr. 801. Vollkommen unschwierige, landschaftlich herrliche Wanderung. Beschreibung siehe Seite 17.*

3 Vom Kreuzeckhaus (1652 m) über Unteren Bernadeinweg und Bockhütte (1052 m)
Dauer: *4 ½ Std.*
Anforderung: *Markiert. Trittsicherheit ist erforderlich. Für größere Kinder ab etwa 10 Jahren geeignet.*

Auf diesem interessanten Zugang erreicht man das Reintal dort, wo es erst richtig schön wird. Der Untere Bernadeinweg vermittelt reizvolle Ausblicke auf die Dreitorspitzen, zur Wetter-

3 Reintalangerhütte

Allgemein zugängliche, bewirtschaftete Hütte

Talort: Garmisch-Partenkirchen (707 m).
Anfahrt: siehe Seite 14.
Telefon Hütte: 0 88 21/29 03.
Telefon Tal: 0 88 41/7 92 14.
Bewirtschaftet: Ende Mai bis Mitte Oktober.
Schlafplätze: 90.
Raumaufteilung: 23 Betten, 75 Lager.
Winterraum: Der Winterraum ist mit AV-Schlüssel zugänglich und hat 15 Lager.
Sanitäre Einrichtungen: Damen- und Herren-Waschraum jeweils mit Dusche, vier WC.
Eignung für Familien: Auch die Reintalangerhütte wird ausgesprochen kinderfreundlich geführt. Sie eignet sich also ideal für Familienaufenthalte. Die Hüttenumgebung ist ein Abenteuerspielplatz par excellence: Wiesen, Bäume, Felsen, die glasklare Partnach. Besser gehts nicht.
Karten: AV-Karte Wetterstein- und Mieminger Gebirge, Westliches und Östliches Blatt, jeweils 1:25000; Topogr. Karte Karwendelgebirge/ Werdenfelser Land, 1:50000.

Das Reintal.

Hochwanner-Nordwand vom Schützensteig.

steinwand und zur Nördlichen Karwendelkette mit dem auffallend-markanten Wörner.

Vom Kreuzeckhaus bzw. von der Kreuzeckbahn-Bergstation (siehe Seite 24) auf Promenadeweg in Südwestrichtung abwärts. Dort, wo es nach rechts zum Hupfleitenjoch geht, noch ein kurzes Stück geradeaus in Richtung Hochalm weiter, bis nach links der Untere Bernadeinweg abzweigt. Er führt zunächst, an wilden Hauptdolomitbildungen vorbei, einige Zeit abwärts und verläuft dann ziemlich eben zur Bernadeinhütte. Von dort südlich zur Talstation des Bernadein-Schlepplifts und unterhalb der östlichen Bernadeinwände in den Einschnitt des Gassentales. (Vorher Wegabzweigung zur Alpspitze, siehe Seite 41.) Der Weg leitet über die Ausläufer der Stuibenmauer hinweg (dort Abzweigung zur Stuibenhütte und zur Mauerscharte, siehe Seiten 34 und 55), führt leicht abwärts durch Wald und dann in Kehren bis zu den Felsausläufern des Gaifkopfes hinab. Dort über eine mit Drahtseilen gesicherte Stufe und südlich hinunter zur Bockhütte. 2 1/2 Std. Weiter wie auf Seite 17 beschrieben zur Reintalangerhütte.

Übergang

4 Von der Reintalangerhütte den über „Schützensteig“ zur Mauerscharte (etwa 1900 m) und zum Kreuzeckhaus

Dauer: *5 1/2 bis 6 Std.*
Anforderung: *Markiert. Absolute Trittsicherheit, sicheres Steigen im Grasschrofengelände, Schwindelfreiheit, Kondition und ein „gutes Auge“ für die Schwachstellen des Geländes sind unbedingt erforderlich. Nur sehr geübten Bergsteigern anzuraten.*
Der „Schützensteig“ ist alpinistisch anspruchsvoll und anstrengend, doch er besticht durch grandiose Landschaftsbilder. Man genießt ungehinderten Einblick in die mächtige Hochwanner-Nordwand, in der Tiefe leuchten die Blauen Gumpen, und im Südosten beherrschen die Dreitor-spitzen die Schau.

Von der Reintalangerhütte talauswärts bis zum großen, von links herunterziehenden Bachbett (Lawinenbett), das man quert. Jenseits zweigt in Nordrichtung der „Schützensteig" ab.

Zuerst am Bachbettabbruch entlang aufwärts, dann über eine Geröllhalde schräg rechts hinauf. Der Steig führt durch Latschen zu einer Schlucht, die man quert. Weiter längere Zeit, dabei zwei Gräben querend, schräg rechts empor. Den Steigspuren folgend durch eine Rinne hinauf, dann durch Latschen und durch eine Mulde aufwärts bis zu den Begrenzungsfelsen des Blassenloches. Es wird nach rechts über Schrofen, etwas absteigend, gequert. Danach über eine Rinne hinweg („Gaifrinne") und an den Wänden entlang nach Osten. Es geht an zwei Höhlen vorbei, und bald danach wird an Drahtseilen eine glatte Felsrinne überquert. Dann über Gras- und Schrofengelände schräg rechts

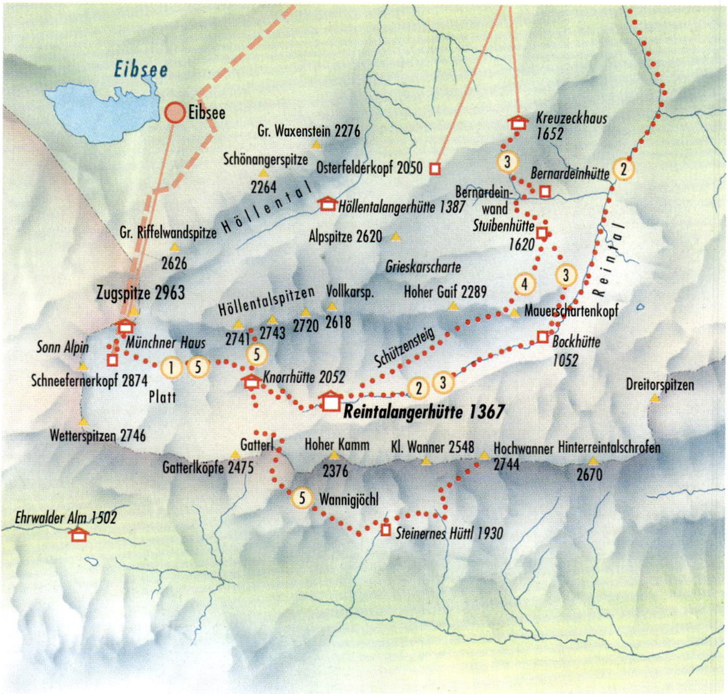

Kleiner Wanner (links der Bildmitte) und Gatterlköpfe vom Gaifkopf. Kleines Bild: Blick auf Dreitorspitzen.

aufwärts. Der Steig quert ansteigend drei markante Rippen (bei Nässe heikel). Zuletzt in Kehren hinauf auf den Ostgrat des Hohen Gaifs. Rechts dem Grat folgen. Ehe er steil abbricht, durch eine Rinne nach links (Norden) hinunter auf ein Grasband, dem man nach rechts bis in die **Mauerscharte** (etwa 1900 m) folgt. Etwa 4 Std.

Nun umgeht man links ansteigend den Mauerschartenkopf und gelangt in den Sattel zwischen diesem, dem Gaifkopf und dem Stuibenkopf. Jetzt der Pfadspur erst durch eine Mulde, dann in Nordrichtung durch Latschen abwärts zu den Wiesen der Stubenalm folgen. An der **Stuibenhütte** (1620 m, siehe auch Seite 61) vorbei und weiter zur Einmündung des Bernadeinweges. Auf ihm westlich zum Kreuzeck. 1 1/2 Std. (Siehe Seite 32.)

Gipfeltouren

5 Zugspitze, Höllentalspitzen, Hochwanner.

(Beschreibungen siehe unter „Knorrhütte“, ab Seite 28)

4 Höllentalangerhütte (1381 m)

Der Urbau der Höllentalangerhütte (auch Höllentalhütte), ein einfaches Blockhaus, wurde 1894 errichtet. Seit 1925 hat das Schutzhaus sein jetziges Aussehen. Mittlerweile ist es allerdings so sanierungsbedürftig geworden, dass die Sektion München in den nächsten Jahren den vollständigen Abriss der Hütte und einen modernen Neubau in Angriff nehmen müsste. (Das Blockhaus, die „Urzelle" der Hütte, soll dann in den Garten des Alpinen Museums München kommen.)

Die Höllentalangerhütte steht an einem der landschaftlich großartigsten Plätze der Nördlichen Kalkalpen. Umrahmt von einer Felsenwildnis, die ihresgleichen sucht (Höllentalspitzen, Schwarze Wand, Zugspitze, Riffelköpfe, Großer Waxenstein, Höllentorkopf), befindet sich das eindrucksvolle Haus aber doch im Grünen, und seine unmittelbare Umgebung ist freundlich.

Als Stützpunkt dient die Höllentalangerhütte vor allem für eine Ersteigung der Zugspitze über den Höllentalferner. Doch sind auch die Alpspitze über das Matheisenkar und der Große Waxenstein lohnende, hochalpine Unternehmungen. Für gemäßigtere Bergsteiger bieten sich drei herrliche Übergänge an: über die Riffelscharte zum Eibsee, über die Knappenhäuser und das Hupfleitenjoch zum Kreuzeckhaus, und über die Rinderscharte zum Osterfelderkopf.

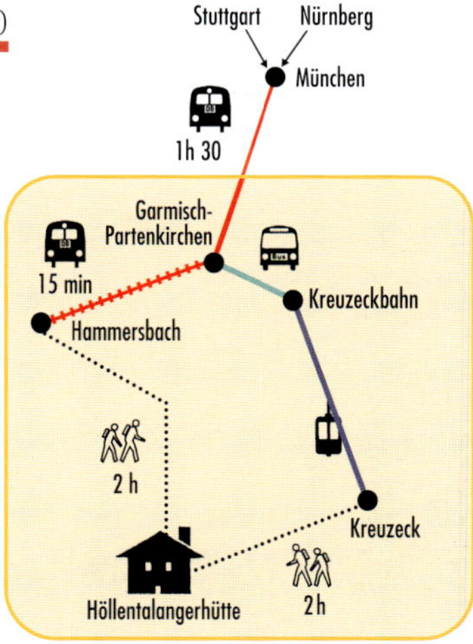

Zugänge

1 Von Hammersbach durch die Höllentalklamm

Dauer: *2 Std.*

Anforderung: *Markiert. Trittsicherheit ist angenehm. Der Weg fasziniert Erwachsene und Kinder gleichermaßen. Freilich sollten die Eltern gut auf ihre Sprösslinge aufpassen. „Hans-guck-in-die-Luft" ist nicht!*

Die Höllentalklamm ist eine landschaftliche Sensation. Durch eng zueinanderstehende Felswände tost das Wasser, und aus den Tunnelfenstern schaut man auf haushohe Klemmblöcke.

Vom südlichen Ortsrand dem Hammersbach folgend taleinwärts. Später führt der Weg an den westseitigen

4 Höllentalangerhütte

Allgemein zugängliche, bewirtschaftete Hütte

Talort: Hammersbach (770 m), Ortsteil von Grainau bei Garmisch-Partenkirchen.
Anfahrt: siehe Seite 14.
Telefon Hütte: 0 88 21/88 11.
Bewirtschaftet: Ende Mai bis Anfang Oktober.
Schlafplätze: 57 Lager, 19 Notlager.
Raumaufteilung: ein Raum mit 26, ein Raum mit 10, zwei Räume mit jeweils 6, ein Raum mit 5 und ein Raum mit 4 Matratzenlagern.
Sanitäre Einrichtungen: jeweils ein Waschraum für Damen und Herren, WC.
Sonstige Einrichtungen: Trockenraum.
Eignung für Familien: Die Höllentalangerhütte wird von vielen Familien mit Kindern besucht. Diese begeistert natürlich der Zugang durch die Höllentalklamm, und die Umgebung des Schutzhauses mit dem Bachbett und etlichen Felsblöcken ist ein herrlicher Spielplatz.
Die Hütte ist für Familienübernachtungen ideal geeignet. Nur während der Hauptsaison der Zugspitzersteigungen (Mitte Juli bis Mitte September) dürfte es – an Wochenenden – im Sinn des Wortes „eng" werden.
Karten: AV-Karte Wetterstein- und Mieminger Gebirge, Mittleres Blatt, 1:25000; Topogr. Karte Karwendelgebirge/ Werdenfelser Land, 1:50000.

Talhängen durch Wald aufwärts und südlich, zuletzt in Kehren, zur **Höllentalklamm-Eingangshütte** (1045 m, DAV-Sektion Garmisch-Partenkirchen, bewirtschaftet von Mitte Mai bis Mitte Oktober, keine Übernachtungsmöglichkeit, Tel. 0 88 21/88 95).

(Hierher auch von **Obergrainau**: Vom südlichen Ortsrand dem Ww. „Höllentalklamm" folgen. Über Wiesen und durch lichten Wald bergauf. Man quert immer wieder breite Forststraßen oder folgt ihnen stückweise (eindeutige Beschilderung), bis ein guter Waldweg oberhalb des Hammersbaches gegen die Höllentalklamm hinführt.)

Der Weiterweg in der Höllentalklamm über Galerien, Brücken und durch Tunnels ist ein Erlebnis! Vom oberen Klammende führt der Weg erst noch kurze Zeit durch den Talgrund (hier nicht Brotzeit machen, weil vom Stangensteig oberhalb Steinschlag droht). Dann geht es an den rechtsseitigen Hängen empor und taleinwärts zum Höllentalanger.

2 Von Hammersbach über den Stangensteig

Dauer: *2 1/2 Std.*

Anforderung: *Markiert. Trittsicherheit und Schwindelfreiheit sind erforderlich. Auf die Kinder muss man auch hier gut achtgeben. Ein Fehltritt darf nicht sein! Der Abstieg in die Talsohle kann bis in den Juni durch ein Altschneefeld erschwert und etwas gefährlich sein, besonders bei der Querung des Baches.*

Bei diesem Zugang ist wiederum die Höllentalklamm Höhepunkt: Man überquert sie über eine eiserne Brücke – 73 Meter oberhalb der brüllenden Wasserwucht.

Die Höllentalangerhütte um 1896

Wie auf Seite 36 beschrieben bis zu einer sich unterhalb der Klamm-Eingangshütte befindlichen Wegteilung. Dort folgt man dem rechts aufwärts führenden Steig, der nach kurzer Zeit in den von Obergrainau heraufführenden Weg mündet. In Serpentinen hinauf bis unter den Felssockel des „Waxensteinmanndls". Ihm entlang links empor, dann rechts taleinwärts. Mit Kehren hinunter (Drahtseilsicherung) zur eisernen Klammbrücke. „Atemberaubend" über die Klamm, jenseits mit ein paar Serpentinen hinauf und rechts ausgesetzt (Seilsicherungen) talein. Bald in die Talsohle hinab, die hinter dem oberen Klammende erreicht wird. Auf Steg über den Bach und weiter wie auf Seite 36 beschrieben.

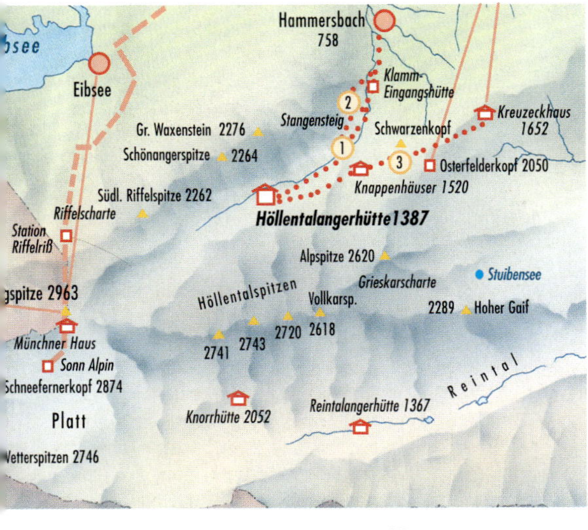

Die Knappenhäuser.

3 Vom Kreuzeckhaus über Hupfleitenjoch (1754 m) und Knappenhäuser

Dauer: *2 Std.*

Anforderung: *Markiert. Trittsicherheit ist erforderlich. Bei entsprechender Umsicht der Erwachsenen kann dieser etwas felsige Steig auch von Kindern gut begangen werden.*

Die Schau vom Hupfleitenjoch ins wilde Höllental, auf Zugspitze und Waxensteine ist grandios, und die Knappenhäuser zählen zu den eindrucksvollsten Rastplätzen in den Nordalpen.

Vom Kreuzeckhaus, 1652 m (dorthin am bequemsten mit der Kreuzeck-Seilbahn; die Talstation ist Haltestelle der Bayerischen Zugspitzbahn und auch mit dem Garmisch-Partenkirchener Stadtbus zu erreichen), auf dem Hauptweg südwestlich bis zur markanten Weggabelung. Man folgt der Bezeichnung „Hupfleitenjoch". Der Weg führt in Westrichtung nahezu eben in das Almgelände unterhalb des Joches, das zuletzt mit Kehren erreicht wird. Von dort lohnt es sich, den **Schwarzenkopf** (1818 m, 1/4 Std. vom Joch) „mitzunehmen". Großartiger Ausblick auf Zugspitze und Höllental.

Vom Hupfleitenjoch geht man an den Nordausläufern des Höllentorkopfes entlang auf gutem, stellenweise gesicherten Steig – mehrere Gräben querend – in Westrichtung steil hinunter zu den **Knappenhäusern**. Weitere Gräben querend abwärts in den Laubwald und nach kurzem Gegenanstieg bequem hinab zur Höllentalangerhütte.

Übergänge

4 Von der Höllentalangerhütte über die Riffelscharte (2163 m) zum Eibsee

Dauer: *4 Std.*

Anforderung: *Markiert. Trittsicherheit und Schwindelfreiheit sind erforderlich. Der Riffelschartenweg ist für größere Kinder ab etwa 12/14 Jahren geeignet.*

Ausrüstung: *Klettersteig-Sicherheitsausrüstung (siehe Seite 134).*
Fantastische Ausblicke sind der Lohn für die Aufstiegsmüh': Auf dem Weg zur Riffelscharte zeigen sich Alpspitze und Höllentalspitzen als abschreckende Felsenwüste, und droben überrascht der Tiefblick zum „Riesenauge" des Eibsees.

Von der Hütte auf gutem Weg westlich in den Talschluss. Dort rechts an den Hängen aufwärts bis zu Wegteilung. Hier (Tafeln) verlässt man den Zugspitzanstieg nach rechts. Durch ein gesichertes Klamml, dann mit Kehren aufwärts in das muldendurchsetzte Riffelkar. Erst noch im Grasgelände, führt der Steig später über Geröll und zuletzt in Serpentinen entlang des Riffeltorkopfes in die Scharte. 2 Std.

Aus der Scharte westlich noch ein Stück aufwärts, dann über drahtseilgesicherte, glatte Platten (luftig!) hinunter zu den Geröllströmen der Riffelriß. An den Nordabstürzen der Kleinen Riffelwandspitze in Westrichtung entlang abwärts und nördlich auf gutem Serpentinensteig zur **Station Riffelriß** der Bayerischen Zugspitzbahn. Von hier entweder mit der Bahn zu Tal. Oder man geht westlich abwärts bis zu dem von der Wiener-Neustädter-Hütte her einmündenden Weg und steigt nördlich zum Eibsee ab.

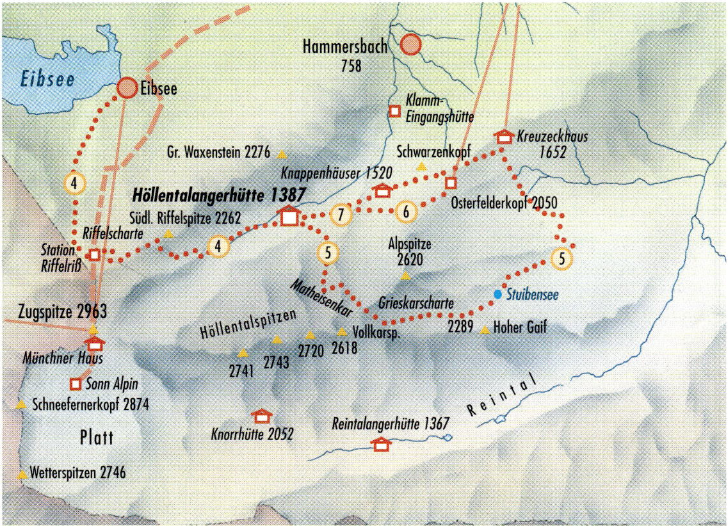

5 Von der Höllentalangerhütte über Matheisenkar und Grieskarscharte (2463 m) ins Grieskar und zum Kreuzeckhaus

Dauer: *6 Std.*
Anforderung: *Markiert. Sehr gute Kondition, Trittsicherheit und Schwindelfreiheit sind erforderlich.*
Ausrüstung: *Klettersteig-Sicherheitsausrüstung (siehe Seite 134).*

Schritt für Schritt geht es aus dem lieblichen Grün des Höllentalangers ins wilde, von „himmelstürmenden“ Wänden umschlossene Matheisenkar und hinauf in die luftige Alpspitzflanke. Das öde, stille Kar jenseits der Scharte ist ein unerwarteter Kontrast.

Von der Hütte südwestlich, dann nicht über den Bach, sondern links im Mischwald aufwärts und bald mit vielen Kehren zum Eingang des großartigen, von den Wänden der Alpspitze, des Hochblassens, der Vollkar- und der Äußeren Höllentalspitze gesäumten Matheisenkars. Südlich in die Geröllzone. Die Markierungen leiten zuletzt in Ostrichtung an den Fuß der Steilschrofen des das Kar östlich begrenzenden Sporns. Den Seilsicherungen folgend auf seine Höhe. Am Kamm scharf rechts empor. Steigspuren führen an einen steilen, gesicherten Felsaufschwung. Nach ihm beeindruckt eine ausgesetzte Linksquerung, ehe die Sicherungen zum Alpspitze-Südwestgrat hinaufleiten. Dort den Markierungen rechts abwärts folgend in die Grieskarscharte. 3 bis 3 1/2 Std.

Von der Grieskarscharte östlich erst noch über Schrofen, dann im feinen Schutt des Grieskars zwischen Alpspitze und den mächtigen Wänden von Hochblassen und Blassenspitze abwärts zum Stuibensee. Man geht oberhalb seines Westufers entlang und steigt östlich durch latschenbewachsenes Gelände, später mit Kehren in den Stuibenwald ab. Von der Einmündung des vom Reintal herüberführenden Weges links (westlich) zur Schneise der Bernadein-Skiabfahrt und dem Steig durch Wald zur Bernadeinhütte folgen. Jetzt auf dem schönen Unteren Bernadeinweg nordwestlich nahezu eben, später ein kurzes Stück recht steil aufwärts – an bizarren Hauptdolomit-Gebilden vorbei – und hinüber zum breiten Verbindungsweg Hochalm – Kreuzeckhaus. Es wird in wenigen Minuten erreicht.

Klettersteig aus dem Matheisenkar zum Alpspitzgrat.

6 Von der Höllentalangerhütte über das Höllentor (Rinderscharte, 2090 m) zum Osterfelderkopf (Rinderweg) und/oder zum Kreuzeckhaus

Dauer: *3 bzw. 4 Std.*
Anforderung: *Markiert. Kondition und Trittsicherheit sind erforderlich. Geeignet für größere Kinder ab etwa 14 Jahren.*

Nicht ganz so wild wie die Matheisenkarroute, beeindruckt der Rinderweg dennoch mit großartigen Landschaftsbildern.

Von der Höllentalangerhütte auf dem Weg zu den Knappenhäusern bis über den Abfluss (Schlucht) des Matheisenkars hinweg. Einige Zeit nach Überquerung einer weiteren Schlucht (eiserne Brücke) gelangt man im Wald zur deutlich beschilderten Abzweigung des Rinderweges. Er führt erst auf einem Rücken empor. Dann geht es in Serpentinen links aufwärts über Schrofen und durch Latschen – Gräben querend – auf grasbewachsenes Gelände. Nach Querung einer Felsrinne wird bald das Höllentor erreicht. Jenseits mit einigen Kehren längs einer Rinne hinunter auf die Osterfelder und zur Bergstation der Alpspitzbahn. Oder über die Hochalm (1704 m) zum Kreuzeckhaus.

7 Von der Höllentalangerhütte über Knappenhäuser und Hupfleitenjoch zum Kreuzeckhaus
Dauer: *2 3/4 Std.*
Anforderung: *Siehe Seite 38.*

Gipfeltouren

8 Zugspitze (2963 m)
Aufstiegszeit: *6 Std.*
Anforderung: *Großteils markiert. Sehr gute Kondition, Schwindelfreiheit und Klettergewandtheit sind erforderlich.*
Ausrüstung: *Klettersteig-Sicherheitsausrüstung, Eispickel, Steigeisen.*
Beschreibung *siehe Seiten 19 und 20.*

Abstiege:

a) Man fährt (bei Zeitmangel) mit einer der Bahnen zu Tal.

b) Wesentlich schöner ist es, über Zugspitzplatt und Knorrhütte zur Reintalangerhütte abzusteigen. Von dort wandert man durchs Reintal und durch die Partnachklamm nach Partenkirchen. 7 Std. (siehe Seite 17).

c) Ebenfalls reizvoll wäre der Abstieg von der Knorrhütte über Gatterl und Feldernjöchl zur Ehrwalder Alm. 4 1/2 Std. Von dort entweder mit der Seilbahn oder zu Fuß in 1 Std. nach Ehrwald (siehe Seite 18).

9 Südliche Riffelspitze (2262 m)

Aufstiegszeit: *3 1/2 Std.*
Anforderung: *Trittsicherheit ist erforderlich. Größere Kinder ab etwa 12/14 Jahren können, wenn sie bergsteigerisch geübt sind, diesen Gipfel locker „packen“.*
Die Südliche Riffelspitze ist sozusagen das „Sahnehäubchen“ des Riffelschartenweges.

Von der Höllentalangerhütte wie auf Seite 39 beschrieben in die Riffelscharte. Nun nach rechts (nordöstlich) auf Steigspuren und über den schrofigen Grat (Stellen I, ausgewichen wird auf der Höllentalseite) zum aussichtsreichen Gipfel. **Abstieg:** Auf der Anstiegsroute in die Riffelscharte zurück.

Schräg nordwestlich gegenüber der Höllentalangerhütte steigt man über einen Geröllkegel gegen die grasdurchsetzte Flanke empor, geht links der Wasserleitung aufwärts und über Grasbänder und Rinnen (Markierungen) schräg rechts hinauf. Etwa 200 Höhenmeter oberhalb der Hütte wendet sich das Steiglein nach links. Bei einem Grasköpfl wieder rechts und zum Fuß eines markanten, doppelgipfeligen Felsturms, den man schon von der Hütte aus erkennen kann. In der rechts (im Aufstiegssinn) herabziehenden Rinne erst nahe des Turmes hinauf, dann unterhalb eines Abbruchs rechts heraus und an dem die Rinne rechts (östlich) be-

10 Großer Waxenstein (2276 m)

Aufstiegszeit: *3 bis 3 1/2 Std.*
Anforderung: *Gute Kondition, Übung im Steilschrofengelände, Klettergewandtheit und Orientierungsvermögen sind unbedingt notwendig. Stellenweise Schwierigkeitsgrad II.*
Ein „spröder“ Gipfel, aber gerade deshalb ist er für Bergsteiger, die die Schwierigkeiten seiner Normalroute beherrschen, reizvoll.

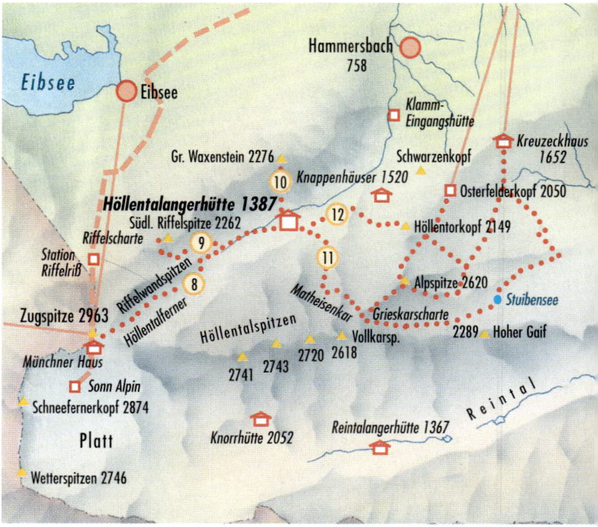

grenzenden Grasrücken kurz aufwärts. Über Platten nach links und weiterhin links aufwärts, dann scharf rechts und über Geröll und Schrofen in eine Mulde. Hier trifft man auf den **Oberen Schafsteig**, dem man schräg links ansteigend folgt. Bald erreicht man die Waxensteinrinne. In der ausgewaschenen Rinne hinauf (Stellen II), weiter oben besser neben ihr aufwärts und unterhalb der Waxensteinscharte über brüchige Schrofen rechts heraus. Jetzt an der Südflanke des Gipfelgrates (deutliche Steigspuren) zum Kreuz.
Abstieg: Über die Aufstiegsroute. 2 1/2 Std.

11 Alpspitze (2620 m)

Aufstiegszeit: *Gut 4 Std.*
Anforderung: *Markiert. Erstklassige Kondition, Trittsicherheit und Schwindelfreiheit sind erforderlich.*
Ausrüstung: *Klettersteig-Sicherheitsausrüstung (siehe Seite 134).*

An der üppig gesicherten „Ferrata".

Die Alpspitze ist dank ihrer herrlichen Nordansicht ein „Wahrzeichen" nicht nur von Garmisch-Partenkirchen, sondern der bayerischen Berge überhaupt. Dem Anstieg über Matheisenkar, Grieskarscharte und Südwestgrat gebührt das Prädikat „Simply the best".

Wie auf Seite 40 beschrieben ins Matheisenkar und auf dem gesicherten Steig zum Alpspitze-Südwestgrat. (3 1/4 Std.) Diesem folgt man über seine gut gesicherten Steilstufen bis zum Gipfelkreuz. 1/2 bis 3/4 Std.

Abstiege:

a) Über die „Ferrata" (siehe Seite 22) zur Bergstation der Alpspitzbahn auf dem Osterfelderkopf. 1 1/4 Std.

b) Auf der alten Alpspitze-Normalroute über Ostflanke und Südostgrat ins Oberkar und auf dem „Nordwandsteig" zur Bergstation der Alpspitzbahn. 1 1/2 bis 1 3/4 Std. (siehe Seite 57).

c) Auf der alten Route über Ostflanke und Südostgrat ins Oberkar und über die „Schöngänge" (gesicherte Steilstufe) hinunter zur Hochalm und zum Kreuzeckhaus. 2 1/4 Std. (siehe ebenfalls Seite 57).

d) Aus dem Oberkar über Stuibensee und Unteren Bernadeinweg zum Kreuzeckhaus. 2 1/4 bis 2 3/4 Std. (siehe Seite 58).

Höllentorkopf (links); daneben Alpspitze und Hochblassen.

12 Höllentorkopf (2149 m)

Aufstiegszeit: *3 Std.*

Anforderung: *Klettererfahrung ist notwendig. Am Gipfelaufbau stellenweise Schwierigkeitsgrad II.*

Der Höllentorkopf, eigentlich nur ein „Anhängsel" der Alpspitze, bietet sehr schöne und anspruchsvolle Klettertouren. Bergsteiger, die etwas klettergewandt sind, können über den kurzen Normalanstieg das Gipfelkreuz erreichen und die faszinierende Schau ins Höllental und zur Zugspitze genießen.

Wie auf Seite 41 beschrieben auf dem „Rinderweg" zum Höllentor hinauf. Knapp unterhalb von ihm schräg in Nordrichtung aufwärts (Steigspuren) zu den Felsen. Auf einem Band links empor, bis steile Aufschwünge den Weiterweg zu versperren scheinen. An der linken Wand zwei Meter hinauf, dann rechts haltend und über eine Felsstufe in eine Scharte. Den hier ansetzenden Aufschwung umgeht man rechts auf schmalem, einmal unterbrochenem Band und gelangt in eine weitere Scharte. Nun steigt man links (südlich) etwa 10 Meter durch eine Rinne ab und erreicht schräg rechts aufwärts über Schrofen den Gipfel.

Abstieg: Über die Aufstiegsroute.

5 Waxensteinhütte (1384 m)

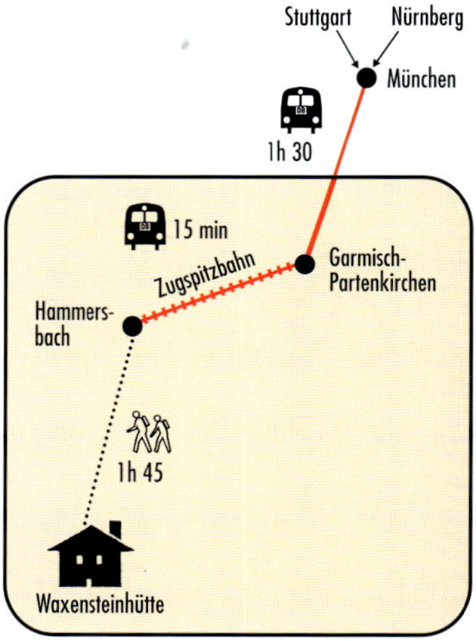

Die Waxensteinhütte (früher Älple- bzw. Aiplehütte) war ursprünglich eine Forst-Diensthütte. Sie konnte 1920 von der Sektion München gepachtet werden und dient seitdem als Stützpunkt für die großzügigen, einsamen Kletterrouten an den Nordwänden des Waxensteinkammes.

Das Blockhüttl steht versteckt im Hochwald unterhalb der Nordwand des Großen Waxensteins. Nahe der von der Mittagsreise herunterziehenden Rinne gelegen, lassen sich von der Waxensteinhütte aus sämtliche nordseitigen Klettertouren am Großen und am Hinteren Waxenstein und an der Schöneckspitze angehen. Aber auch für die vielbegangene „Zwölferkante“ und für die Normalroute des Kleinen Waxensteins ist sie eine ideale Basis.

Zugang

1 Von Hammersbach

Dauer: *Gut 1 3/4 Std.*

Anforderung: *Markiert. Einfache Wanderung.*

Der Zugang zur Waxensteinhütte „lebt“ von den reizvollen Ausblicken auf das Zugspitzdorf Grainau und zu den Ammergauer Bergen. Mit Erreichen der Mittagsrinne(reise) steht man dann – ein Überraschungseffekt – unterhalb der mächtigen Felskolosse Kleiner Waxenstein, Zwölferkopf und Großer Waxenstein.

Von der Kapelle in Hammersbach über die Bachbrücke zur Bus-Umkehrschleife. Vom Telefonhäuschen folgt man dem von Hammersbach gesehen auf dem rechten Rücken verlaufenden Weg (Abzweigungen bleiben unbeachtet.) Nach einer knappen halben Stunde – dort wo der Weg von **Obergrainau** heraufkommt (siehe auch Seite 36) – überquert man eine breite Forststraße. Nun folgt man dem in Südwestrichtung aufwärts führenden, breiten Weg (weißblaue Markierung; Abzweigungen zur Höllentalklamm bzw. zum Eibsee nicht beachten), der bequem mit einer Kehre wieder zur Forststraße bringt. Weiter auf der bald erheblich schlechter werdenden Forststraße. Durch den langsam wieder nachwachsenden „Stangenwald" mit Blick auf Kreuzeckhaus/Alpspitzbahn-Bergstation und Höllentorkopf etwa 15 Min. aufwärts, bis rechts eine Traktorspur abzweigt. Dieser folgt man am Wildschutzzaun entlang. Kurz vor einer steilen Linkskehre zweigt der wenig interessante „Untere" oder „Erste Nordsteig" nach rechts ab. Nach der Kehre führt die Traktorspur flacher am Wildschutzzaun entlang und mit einer Kehre nach rechts wieder steiler durch alten Baumbestand zur letzten Kehre nach links. 15 Meter nach dieser zweigt der „Mittlere Nordsteig" nach rechts ab (Steinmann). Diesem schmalen Steig folgend an den Rand der von der Mittagsreise herabziehenden Rinne. Die jenseitige Steigfortsetzung ist deutlich zu erkennen. Drüben durch Latschen in den Wald und zuletzt links hinauf zur Hütte.

5 Waxensteinhütte

Für Mitglieder der Sektion München und für Plus-Mitglieder zugängliche Selbstversorgerhütte

Talorte: Hammersbach (758 m) und Obergrainau (760 m).
Anfahrt: siehe Seite 14.
Zugänglich: von April bis Oktober.
Schlafplätze: sechs bis acht sowie vier Notlager („Schlangengraben" im „Juhee").
Sanitäre Einrichtungen: „Herzchenhäuschen" mit Windspülung; Quelle (Ww.) nahe bei der Hütte.
Sonstige Einrichtungen: Herd.
Reservierung und Schlüssel: Nur für Mitglieder der Sektion München (und *Plus*-Mitglieder) über deren Service-Stelle (siehe Seite 99).
Eignung für Familien: Kinder werden das romantische Hüttl, in dem es nur Kerzenlicht gibt, mögen.
Karten: AV-Karte Wetterstein- und Mieminger Gebirge, Mittleres Blatt, 1:25000; Topogr. Karte Karwendelgebirge/Werdenfelser Land, 1:50000

Nur bis zum „Eibseeblick" wo der schmale Weg beginnt, abwärts zu führen, gefahrlos: der „Mittlere Nordsteig".

Übergänge

Von der Waxensteinhütte auf dem „Mittleren" oder „Zweiten Nordsteig" zum Eibsee
Dieser Übergang ist von Bergwanderern und schon gar von Kindern nicht mehr machbar. Der Steig ist dort, wo es in er Beschreibung (1. Auflage, 1998) heißt „und danach in Serpentinen hinunter in die 'Zuggasse'" durch eine Vielzahl von umgestürzten Bäumen und durch Felsgeschiebe zerstört. Im extrem steilen Bergwaldhang gibt es nur exponierte Trittspuren, die insbesondere bei feuchtem Boden überaus gefährlich begehbar sind. Für weniger Versierte herrscht akute Absturzgefahr. Bis auf weiteres ist von diesem an und für sich verlockend-schönen, gut mit „Steinmanndln" und dürftigen orangefarbenen Markierungen bezeichneten Pfad **dringend abzuraten**!

2 Von der Waxensteinhütte zur Höllentalangerhütte

Dauer: *2 1/2 Std.*
Anforderung: *Markiert. Durch die Höllentalklamm ist Trittsicherheit angenehm, auf dem Stangensteig ist sie (und Schwindelfreiheit) erforderlich. Für Kinder bei entsprechender Achtsamkeit der Eltern gut geeignet.*
Kein Idealübergang, aber die Möglichkeit, von der Waxensteinhütte ins Höllental überzuwechseln, sei doch erwähnt.

Man geht auf dem Zustiegsweg bis zur erstmöglichen Abzweigung in Richtung Höllentalklamm (P. 1003 der Topogr. Karte, Hinweisschild) hinunter. Weiter bis vor die Klamm. Nun, wie auf den Seiten 36 bzw. 37 beschrieben, entweder auf dem Klammweg oder über den Stangensteig zum Klammende und zur Höllentalangerhütte.

Gipfeltour

3 Kleiner Waxenstein (2136 m)

Aufstiegszeit: *3 bis 3 1/2 Std.*
Anforderung: *Kletterei an teilweise festem, teils aber auch brüchigem Fels. Steinschlaggefahr durch höher oben Steigende. Nach Regentagen nicht zu empfehlen. Mehrere längere Passagen im Schwierigkeitsgrad II. Wenn dort mit Seil gegangen wird, gute Möglichkeiten für's Standplatzeinrichten an Zacken und Köpfln. Grathöhe ab Sattel zwischen Manndl und Kleinem Waxenstein etwa 250 m.*
Der Kleine Waxenstein mit seinem Manndl ist – mehr noch als der Zugspitz – wahrhaftig ein alpines Wahrzeichen des Werdenfelser Landes. Von einem „kühn gebauten Felsobelisken“ liest man im Alpenvereinsführer. In der Tat: das triffts! Ein stolzer Gipfel; ein begehrtes Ziel für gute Bergsteiger, und dabei nicht einmal überlaufen.

Von der Hütte zur Mittagsreise und auf Steig an ihrem linken (östlichen)

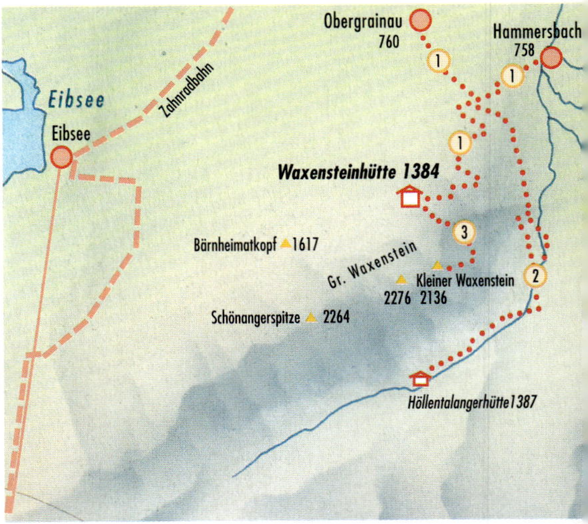

Rand aufwärts. Erst weiter oben über das Geröll auf den den östlichen Teil der Reise begrenzenden Rücken queren und mühsam gegen den Ausgang der Mittagsschlucht hinauf.

Aus dem oberen Teil der Reise auf Steigspuren nach links (markante,

Kleiner-Waxenstein-Gipfelgrat.

dürre Lärche!) an die Nordwestflanke des Manndls.

(Für „Insider“ gibt es von der Hütte aus einen bequemeren Zustieg: Etwas oberhalb des „Herzchenhäuschens“ in Richtung Mittagsreise gehen. Nach etwa 30 m, noch im Wald, trifft man auf einen Pfad, der vom „Briefkasten“ bis zum oberen Waldrand führt. Von dort kurz links in die Latschen hinaus zur ersten Geröllrinne. Mit kurzen Serpentinen ins große Kar empor. Man erreicht die Steigspuren des „Oberen“ oder „Dritten Nordsteigs“, die waagrecht nach rechts abzweigen. Bald danach führt unser Steig diagonal nach links über das gesamte Kar bis zur großen, tiefer eingeschnittenen Hauptrinne. Man erreicht sie bei großen Felsblöcken. Bis hierher etwa 50 Min. Waagrecht nach links über die Hauptrinne zur dürren Lärche und an die Nordwestflanke des Manndls.)

Nun gemeinsam weiter: Über Geröll zum Rand der Latschenzone und am besten an ihm entlang aufwärts. Man erreicht ein breites, gras- und gerölldurchsetztes Plattenband (am

Anfang rechts an der Wand Gedenktafel). Erst rechts, dann am linken Rand über leichten Fels empor, zuletzt durch Latschen in den Sattel zwischen Manndl und Kleinem Waxenstein. Bis hierher nirgendwo schwieriger als I, jedoch heikles Gelände. (Das Manndl ist mit wenigen Schritten zu ersteigen. Großartiger Tiefblick nach Hammersbach!)

Links des markanten Manndlkamins (er würde den III. Schwierigkeitsgrad aufweisen) über Geröll (Steigspuren) an die Felsen und nach links in ein Rinnensystem queren. Gerade empor (II) und oben rechtshaltend auf den Nordgrat. Ein steiler Aufschwung wird rechts (oben an glatter Wand Gedenktafel) luftig oder, leichter, links umgangen. Bald danach durch eine kaminartige Rinne (II) und über schmale Bänder wieder auf die Grathöhe. (Umgehung der Rinne rechts, über eine glatte Platte querend, ist schwieriger.)

Ausblick zur Zwölferkante.

Rechts unterhalb des Grates weiter, bis der Grat flacher wird. Immer den günstigsten Möglichkeiten folgend in ein Schartl vor einer steilen Wandstufe. Man erklettert sie schräg nach links aufwärts (II, zunehmend ausgesetzt), erreicht rechts heraus die Grathöhe und gleich darauf den Gipfel.

Abstieg: Über die Aufstiegsroute. 2 ½ Std.

6 Trögelhütte (1429 m)

Die Trögelhütte, im Kreuzeck-/Kreuzwankl-Pistenskigebiet – an der Verzweigung von Olympia- und Kandaharabfahrt gelegen – wurde nach dem Zweiten Weltkrieg von der Sektion München als Skifahrerstützpunkt gepachtet, 1947/48 gründlich ausgebaut und 1956 erweitert. Doch dient sie nicht nur als gemütliches Heim für Skibergsteiger und Alpinskiläufer: Ihr Tourengebiet ist ja im Grunde identisch mit dem des Kreuzeckhauses. Das heißt, auch die lohnenden Sommergipfel wie Alpspitze oder Hoher Gaif, und die schönen Übergänge ins Höllen- und ins Reintal können von der Trögelhütte aus gut unternommen werden.

Sommerzugänge

1 Von der Kreuzeckbahn-Bergstation (1650 m)

Dauer: *20 Min.*
Anforderung: *Problemloser Abstieg.*
Von der Kreuzeckbahn-Bergstation (siehe Seite 38) in Nordostrichtung (Ww.) an der Kreuzalm vorbei und durch Wald hinunter zur Trögelhütte.

2 Von der Hausbergbahn-Bergstation (1340 m)

Dauer: *20 Min.*
Anforderung: *Problemlos.*
Von der Bergstation westlich zum Garmischer Haus (etwa 1330 m). Dort folgt man dem südwestlich über das Trimlermoos verlaufenden Fahrweg (Bez. Rießerkopf/Aulealm). Kurz nach Einmündung einer Forststraße zweigt nach links der kurze Anstieg zur Trögelhütte ab, die zuletzt durch Wald erreicht wird.

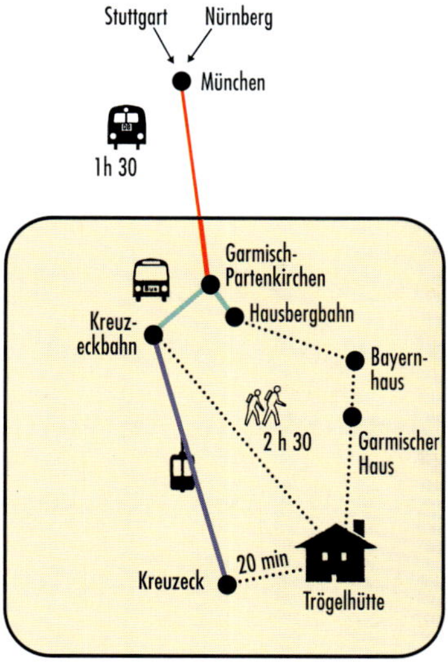

6 Trögelhütte

Für Mitglieder der Sektion München und für Plus-Mitglieder zugängliche Selbstversorgerhütte

Talort: Garmisch-Partenkirchen (707 m).
Anfahrt: siehe Seite 14.
Zugänglich: ganzjährig.
Schlafplätze: 32.
Raumaufteilung: ein Raum mit zehn Lagern, ein Raum mit acht, zwei Räume mit jeweils sechs Bettenlagern sowie ein Winkel mit zwei Lagern.
Sanitäre Einrichtungen: jeweils ein Fließwasser-Waschraum für Damen und Herren.
Sonstige Einrichtungen: E-Herd, Herd für Holzfeuerung, Kachelofen.
Reservierung und Schlüssel: Nur für Mitglieder der Sektion München (und *Plus*-Mitglieder) über deren Service-Stelle (siehe Seite 99).
Eignung für Familien: Die Trögelhütte ist hervorragend für einen Familienaufenthalt geeignet.
Karten: AV-Karte Wetterstein- und Mieminger Gebirge, Mittleres Blatt, 1:25000; Topogr. Karte Karwendelgebirge/Werdenfelser Land, 1:50000.

3 Von der Kreuzeckbahn-Talstation

Dauer: *2 1/2 Std.*
Anforderung: *Problemlos.*
Man folgt dem bequemen Fahrweg (Bez. Aulealm/Rießerkopf), der über die Tonihütte zum Garmischer Haus führt. Etwa 700 m davor, beim Trimlermoos, zweigt nach rechts (Südwesten) der Weg zur Trögelhütte ab.
Ideale Mountainbike-Strecke.

3a Von der Hausbergbahn-Talstation

Dauer: *2 1/2 Std.*
Anforderung: *Problemlos.*
Von der Hausbergbahn-Talstation über die Kochelbergalmen, das Bayernhaus und das Garmischer Haus zur Hütte (gut beschildert; landschaftlich schöner als 3).

Winterzugänge

4 Von der Kreuzeckbahn-Bergstation

Entweder auf dem „mittleren Skiweg" zum unteren Trögelhang und zur Trögelhütte, oder auf dem „unteren Skiweg" direkt zur Trögelhütte abfahren.

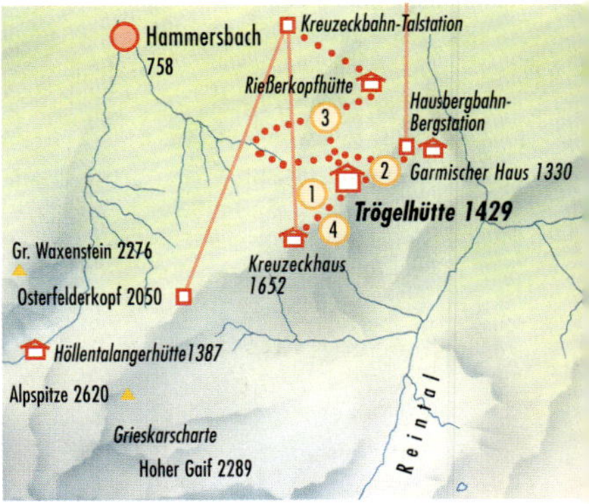

5 Von der „Kreuzwankl 1"-Bergstation

Ab Hausbergbahn-Bergstation mit dem „Kreuzwankl 1"-Lift auf- und den Ww. Olympia- bzw. Kandahar-Abfahrt folgend rasch zur Hütte abfahren.

Übergänge

6 Von der Trögelhütte über Kreuzeck, Hupfleitenjoch (1754 m) und Knappenhäuser zur Höllentalangerhütte

Dauer: *Etwa 3 Std.*

Anforderung: *Markiert. Trittsicherheit ist angenehm. Bei entsprechender Umsicht der Erwachsenen ist dieser Übergang auch für Kinder gut zu „packen".*

Von der Hütte südwestlich auf Ziehweg durch Wald zur Kreuzalm und bis unterhalb des Kreuzeckhauses. Gut 1/2 Std. Weiter wie auf Seite 38 beschrieben.

7 Von der Trögelhütte über Stuibensee, Grieskarscharte (2463 m) und Matheisenkar zur Höllentalangerhütte

Dauer: *6 1/2 bis 7 Std.*

Anforderung: *Markiert. Sehr gute Kondition, Trittsicherheit und Schwindelfreiheit sind erforderlich.*

Ausrüstung: *Klettersteig-Sicherheitsausrüstung. Siehe Seiten 40 und 41.*

8 Von der Trögelhütte über Kreuzeck, Hochalm, Osterfelder und Rinderscharte (2090 m) zur Höllentalangerhütte

Dauer: *3 1/2 Std.; lässt sich durch Auffahrt mit der Hochalmbahn zum Osterfelderkopf um etwa 3/4 Std. verkürzen.*

Anforderung: *Markiert. Trittsicherheit ist erforderlich. Geeignet für größere Kinder ab etwa 12 Jahren. Siehe Seite 41.*

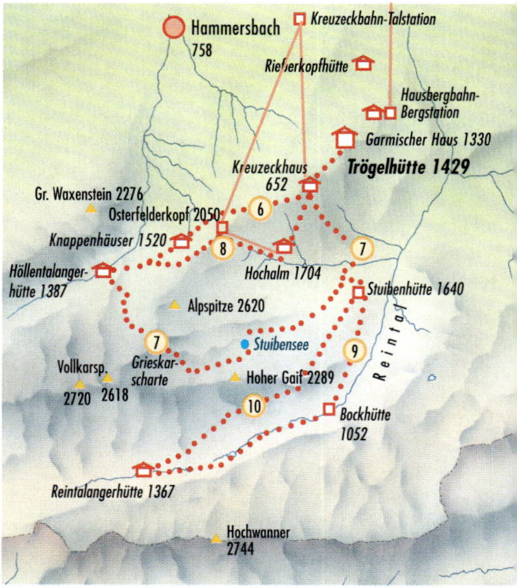

Mauerschartenkopf (vorne), Hochblassen (links) und Alpspitze.

9 **Von der Trögelhütte über Kreuzeck, Unteren Bernadeinweg und Bockhütte zur Reintalangerhütte**

Dauer: *Gut 5 Std.*

Anforderung: *Markiert. Trittsicherheit ist erforderlich. Für größere Kinder ab etwa 10 Jahren geeignet. Siehe Seite 32.*

10 **Von der Trögelhütte über Mauerscharte (etwa 1900 m) und „Schützensteig" zur Reintalangerhütte**

Dauer: *5 bis 5 ½ Std.*

Anforderung: *Bergsteigerische Anforderungen siehe Seite 32. Sie gelten in verstärktem Maß, wenn man den sehr anspruchsvollen „Schützensteig" im Abstieg begeht.*

Wie auf Seite 32 beschrieben auf dem Unteren Bernadeinweg bis zum Auslauf der Stuibenmauer (Gatter). Dort scharf rechts ab, hinauf zur Grasfläche der Ostabdachung und unterhalb des Kammes auf Steig zur **Stuibenhütte** (1620 m, siehe auch Seiten 34 und 61). In südlicher Richtung über die Hänge der Stuibenalm aufwärts (rote Markierung auf den Steinen beachten) und zuletzt mit Kehren in die Grasmulde zwischen Gaifkopf (links; trigonometrisches Zeichen) und Mauerschartenkopf. Dort rechts (westlich) zum Sattel zwischen diesem und der Stuibenspitze. Jetzt umgeht man den Mauerschartenkopf nördlich und steigt in die Mauerscharte ab.

Hochwanner von der Mauerscharte.

Der dort ansetzende, erste Aufschwung des Gaifgrates wird auf deutlich sichtbarem Steig über ein Grasband rechts (nördlich) umgangen. Danach links empor zum Grat, dem man bis zu einem Flachstück folgt. Dort zweigt der „Schützensteig“ nach links (Süden) hinunter ab. Erst in Kehren abwärts, dann in Südwestrichtung ziemlich verwickelt (genau auf den Steigverlauf achten!) über drei markante Schrofenrippen hinweg. An Gras- und Schrofenhängen absteigend gelangt man zu einer glatten Felsrinne, die gequert wird (Drahtseil). Bald danach an zwei Höhlen („Schützengufel“) vorbei, an den Wänden entlang und eine Rinne („Gaifrinne“) querend ins Blassenloch. Es wird über Schrofen leicht ansteigend zu seinen Begrenzungsfelsen hin überquert. Dann durch eine Mulde, über Latschengelände und in einer Rinne abwärts. Weiter, immer in Südwestrichtung, über zwei Gräben hinweg. Man quert eine Schlucht, und bald danach geht es über eine Geröllhalde hinunter. Zuletzt führt der Steig am Ostrand eines großen Bach(Lawinen)betts zum Reintalweg. Nach rechts in gut 10 Min. zur Reintalangerhütte.

Gipfeltouren

Alpspitze (2620 m)

Aus dem Kreuzeckgebiet gibt es mindestens zwei gute Möglichkeiten, um auf diesen formschönen Gipfel –

Alpspitze-Ausblick zur Zugspitze. Kleines Bild: Blassenspitze vom Alpspitze-Südostgrat.

einen der berühmtesten in den Nordalpen – zu gelangen. Werden „Nordwandsteig“, „Ferrata“ und Südwestgrat in die Tourenplanungen mit einbezogen – von der Hochalm erreicht man per Seilbahn „blitzschnell“ den Osterfelderkopf und damit den Ausgangspunkt für die erstgenannten Alternativen –, so stehen sogar fünf An- bzw. Abstiege zur Wahl.

11 Von der Trögelhütte über Kreuzalm, Hochalm (1704 m) und „Schöngänge“ auf die Alpspitze

Aufstiegszeit: *Etwa 4 Std.*
Anforderung: *Markiert. Absolute Trittsicherheit und Schwindelfreiheit sind notwendig. Nur für größere Kinder ab etwa 12/14 Jahren, die*

entsprechend geübt sind, geeignet. **Ausrüstung:** *evtl. Klettersteig-Sicherheitsausrüstung (siehe Seite 134).*

Mit dem gesicherten Steig der „Schöngänge“ begeht man die klassische, sehr schöne Alpspitzroute, die nach dem Bau der „Ferrata“ etwas ins Abseits geriet.

Von der Hütte südwestlich auf Ziehweg durch Wald zur Kreuzalm und weiter bis unterhalb des Kreuzeckhauses. Gut 1/2 Std.

Jetzt in Südwestrichtung – an den Abzweigungen ins Reintal (links), zum Hupfleitenjoch (rechts) und des Unteren Bernadeinweges (links) vorbei – auf breitem Weg zur Hochalm. In Südrichtung zur Bergwachthütte und ins große Kar unterhalb von Alpspitze und Bernadeinwand. Über Geröll an die Felsen und auf teilweise gesichertem Steig (Vorsicht, durch die vielen Begehungen sehr glattes Gestein) bis zum Fuß der „Schöngänge“. Diese oft nasse Wandstufe ist durchgehend mit Drahtseilen, Stiften, Klammern und Ringen gesichert und führt in den Grassattel (etwa 2100 m) zwischen Bernadeinwand und Alpspitze. 1 3/4 Std. (Hierher auch in 1/2 Std. von der Bergstation Osterfelderkopf, 2050 m, der Alpspitzbahn über den „Nordwandsteig“.)

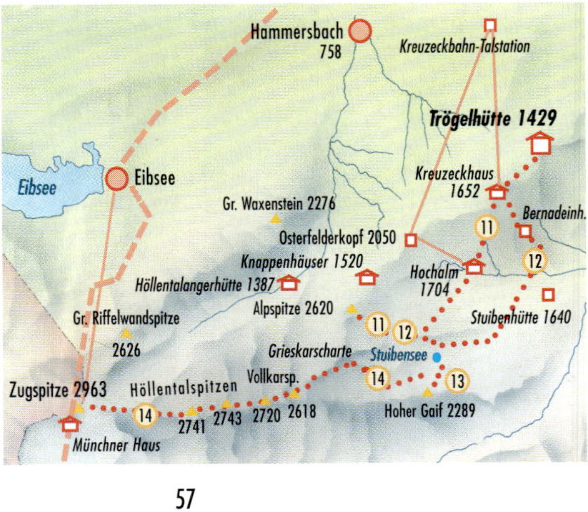

Nun rechts (westlich) gegen das Oberkar empor. Der rot markierte Steig berührt die das Kar südseitig begrenzenden Felsen und führt hinauf auf den Südostgrat der Alpspitze, den man an der „Schulter“ erreicht. Jetzt im wesentlichen der Grathöhe bis zu einer Steilstufe folgen. Über sie empor (Drahtseil), dann – anfangs etwas ausgesetzt – schräg rechts aufwärts in die Geröll- und Schrofenhänge oberhalb des Oberkars. In Kehren über das Gipfeldach hinauf zum Kreuz. 1 1/2 Std.

(Man kann auch – etwas einfacher, jedoch anstrengender – durchs Oberkar in die Gipfelzone gelangen.)

Abstiege:

a) Auf der Anstiegsroute. Etwa 3 Std.

b) Über den gesicherten Südwestgrat zur Grieskarscharte (2463 m), durch das Grieskar zum Stuibensee und über den Unteren Bernadeinweg zur Kreuzalm und zur Hütte zurück (siehe Seiten 40 und 41). Etwa 3 1/2 Std.

c) Über die „Ferrata“ (siehe Seite 22) zur Bergstation der Alpspitzbahn und über Hoch- und Kreuzalm zurück zur Hütte. 2 3/4 Std.

Schachen-Ausblick ins Grieskar (Bildmitte oben).

Herrlicher Rastplatz unterhalb des Stuibensees.

12 Von der Trögelhütte über Kreuzalm, Unteren Bernadeinweg und Stuibensee auf die Alpspitze

Aufstiegszeit: *4 1/2 Std.*

Anforderung: *Markiert. Wesentlich einfacher als über die „Schöngänge“. Für größere Kinder ab etwa 10/12 Jahren, die die entsprechende Ausdauer haben, gut geeignet.*

Der „Wanderweg“ auf die Alpspitze; nicht so spektakulär wie „Schöngänge“ oder „Ferrata“, doch landschaftlich überaus reizvoll.

Über den Unteren Bernadeinweg und über die Wald-, Latschen und Alpenrosenhänge zwischen Bernadein- und Stuibenwand hinauf in Richtung Stuibensee (siehe Seite 41). Nun nicht links zum See, sondern

geradeaus weiter, rechts in einem Tälchen durch einen Schrofenhang und über Gras in den Sattel zwischen Bernadeinwand und Alpspitze. Weiter wie auf Seite 57 beschrieben.

13 Hoher Gaif (2289 m)

Aufstiegszeit: *3 1/2 bis 4 Std. (1 bis 1 1/2 Std. vom Felsansatz.)*
Am Gipfelaufbau kurze, stellenweise recht ausgesetzte, schöne Kletterei an festem Fels.
Einige Passagen II. Es stecken etliche (Normal)Haken, zudem gibt es ausreichend Möglichkeiten für Standplatzbau an Köpfln und Zacken.
Für klettergewandte Kinder ab etwa 12 Jahren – einwandfreie Sicherung durch die begleitenden Erwachsenen vorausgesetzt – als „Premieretour" im leichten Fels gut geeignet.
Der Hohe Gaif, der erste „richtige" Gipfel des zur Zugspitze hinführenden Blassen-/Höllentalkammes, lässt sich reizvoll über den oberen Ostgrat ersteigen. Vom Gipfel aus zeigt sich der Hochblassen-Ostgrat – als Blassengrat berühmt – in seiner ganzen Wildheit.

Über die „Schöngänge" oder über den Unteren Bernadeinweg (siehe Seiten 57 und 58) zu den Grasbuckeln oberhalb des herbschönen Stuibensees und auf deutlich ausgeprägtem Steig in Südrichtung an die Nordflanke des Hohen Gaifs heran. Über Schrofen, Geröll und durch eine drahtseilgesicherte Rinne zu einem Grashang, der sich gegen den oberen Teil des Gaif-Ostgrats hinaufzieht.

Am besten an der linken Begrenzungsrippe zum Grat. Man folgt ihm in Westrichtung, quert bald links unterhalb seiner Schneide (deutliche Steigspuren, ausgesetzt) und steigt direkt an einem griffigen Aufschwung (II) empor. Danach wird der Grat flacher. Nach einem Spalt folgt eine plattige Stelle (II), dann gehts über Blöcke zum Gaifgipfel.

Abstieg: Über die Aufstiegsroute zurück zum Stuibensee.

Der Blassengrat spiegelt sich im Stuibensee. Kleines Bild: Blassengrat vom Hohen Gaif.

14 **Zugspitze (2963 m)**

Wie auf Seite 24 erwähnt, lassen sich aus dem Kreuzeckgebiet – also auch von der Trögelhütte aus – Grieskar und Jubiläumsgrat erreichen. Reine Gehzeit von der Trögelhütte bis zum Zugspitzgipfel 12 bis 14 Std. Bergsteigerische Anforderungen und Ausrüstung siehe Seiten 21 und 22.

Von der Trögelhütte wie auf Seite 57 über die „Schöngänge" in den Sattel zwischen Bernadeinwand und Alpspitze. Von dort ein Stück in Richtung Stuibensee, bis Steigspuren am östlichen Sockel der Alpspitze vorbei in Südrichtung (kurze schrofige Stellen) ins Grieskar führen. Durch das Kar, zuletzt mühsam über geröllbedeckte Platten, in die Grieskarscharte. Weiter wie auf Seite 23 beschrieben.

Skitouren

Als Skitourengebiet ist die Kreuzeck-/Kreuzwankl-Umgebung etwas spröd. Technisch einfache, kleinere Skitourenmöglichkeiten bietet die Gegend um die Stuibenalm. Die Alpspitze aber ist ein sehr anspruchsvolles Skibergsteigerziel. Sie gehört zu den großen Skitourenunternehmungen in den Nordalpen.

15 Alpspitze (2620 m)

Aufstiegszeit: *Etwa 3 1/2 Std.*
Anforderung: *Sehr anspruchsvolle, reine Frühjahrs(Firn)skitour, die absolut sichere Schneeverhältnisse voraussetzt. Äußerst steiler Gipfelaufbau.*

Die Alpspitze gehört zu den Spitzenzielen für Skibergsteiger in den Bayerischen Alpen. Eine landschaftlich hervorragend schöne Unternehmung für Könner!

Von der Trögelhütte am besten über die Olympia- oder über die Kandahar-Abfahrt zur Talstation der Alpspitzbahn. Möglichst mit der ersten Seilbahn (8.30 Uhr) auf den Osterfelderkopf. Von dort über Osterfelder- und Bernadeinabfahrt zur Talstation des Bernadeinlifts.

(Natürlich kann man auch – über Kreuzalm und Hochalm – mit den Fellen zum Beginn der Bernadeinabfahrt hinaufgehen. Dies möglichst jedoch ehe der Pisten-Skibetrieb einsetzt.)

Jetzt weiter wie auf Seite 58 und 57 beschrieben. Skidepot und Abfahrtsstartpunkt auf der Schulter des Alpspitze-Südostgrates. Nur bei Idealverhältnissen ist es möglich, über den sehr steilen Gipfelhang abzufahren. Mit dem Bernadein-Schlepplift gelangt man dann wieder in den Pistenbereich und von dort zur Trögelhütte zurück.

16 Gaifkopf (1863 m) und Stuibenspitze (1912 m)

Aufstiegszeit: *2 bis 3 Std.*
Anforderung: *Einfache Skitour, lawinensichere Verhältnisse sind dennoch notwendig.*

Die Stuibenalm mit der **Stuibenhütte** (1620 m, Selbstversorgerhütte der DAV-Sektion Garmisch-Partenkirchen – Getränke erhältlich –, bewartet von Weihnachten bis zum Sonntag nach Ostern) ist ein altbekanntes, technisch einfaches und auch für den Hochwinter geeignetes Skitourengelände. Man erreicht es und die beiden Gipfel von der Talstation des Bernadeinlifts wie auf Seite 55 beschrieben.

7 Alplhaus (1506 m)

1865 hatte sich der Wildermieminger Bauer Matthias Seng im Alpltal eine Sommerhütte gebaut, die Hermann von Barth für seine Pioniertouren nutzte. 1890 kam sie in den Besitz der Sektion München, 1921 wurde das Hüttl angezündet und dadurch völlig zerstört. Vier Jahre später erstand die Hütte neu. Sie thront förmlich – aus dem Wald herausblitzend – über dem Alpltal, und darüber bauen sich die einsamen Kalkriesen Hochwand und Hochplattig – der höchste Gipfel der Mieminger Kette – auf. Beide lassen sich von sehr geübten Bergsteigern vom Alplhaus aus „machen". Doch ist es auch ein guter Stützpunkt für die Ersteigung des Hohe-Munde-Westgipfels.

Etwa 100 Meter westlich des Alplhauses steht die **Neue Alplhütte** (1510 m, privat, bewirtschaftet von 1. Juni bis zum 1. November, über 20 Schlafplätze, Tel. 00 43 - 6 99/110 84 670).

Zugänge

1 Von Telfs über den Klammsteig

Dauer: *Etwa 2 3/4 Std.*

Anforderung: *Markiert. Einfache Wanderung.*

Der Steig durch die Straßbergklamm ist der schönste Zugang von Telfs.

Von Telfs nordwestlich in den Ortsteil Emat und zur Südtiroler Siedlung. Von ihrem Ende zu einem Kraftwerk und in die Klamm. Danach in Kehren westlich aufwärts und rechts (nördl.) zu einem weiteren kleinen Kraftwerk. Nun dem Bach entlang aufwärts, bis man auf die von Telfs-Hinterberg herauffühende Fahrstraße trifft. Auf ihr

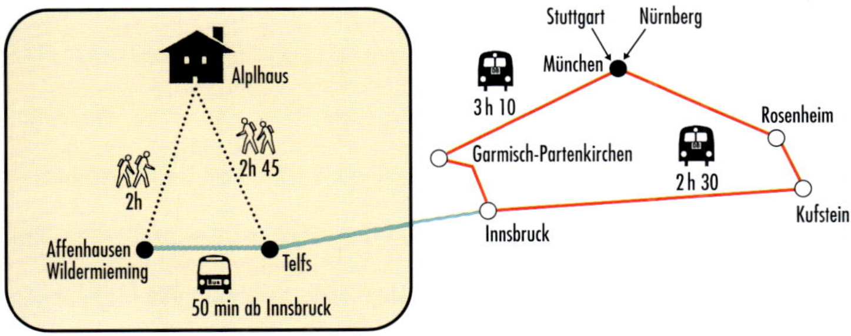

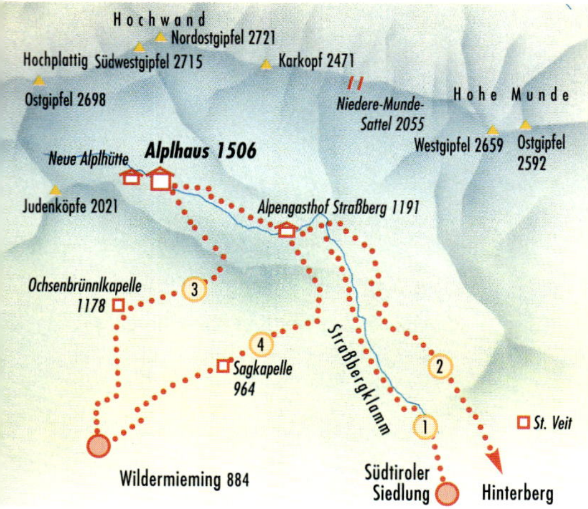

Nach etwa 4 km Bergfahrt überquert man ein betoniertes Bachbett und erreicht von dort nach etwa 100 m einen Parkplatz (Schranke). Sollte er voll besetzt sein, muss der etwa 500 m zurückliegende, größere Parkplatz benutzt werden. Zu Fuß auf der Sandstraße weiter nach Straßberg.

Ab Straßberg folgt man den Ww. zur Neuen Alplhütte. Nach etwa 800 m zweigt eine schmalere Schotterstraße nach rechts ab. (Schild „Radweg"). Man folgt ihr durch Wald in Nordwestrichtung zum Fuß des bewaldeten Sporns, auf dem das Alplhaus steht. Weiter auf dem Fahrweg bis zur Einmündung des vom Niedere-Munde-Sattel herunterführenden Steiges und links empor zur Hütte. (Vom Parkplatz vor Straßberg 1 1/4 Std.)

Im Winter ist das Befahren der Bergstraße ab Lehen bis Straßberg nur mit Schneeketten möglich und zeitlich eingeschränkt, da sie als Rodelbahn genutzt wird. (Gesperrt wochentags von 14.00 bis 16.30 Uhr, an Sonn- und Feiertagen von 11.00 bis 16.00 Uhr.) Von Lehen gelangt man in etwa 3 Std. zum Alplhaus.

Im Sommer ist die Straßberg- und die anschließende Schotterstraße eine harte Mountainbike-Prüfung mit bis zu 18 % Steigung.

nach links (westlich) zum Alpengasthof **Straßberg** (1191 m).

Bis nahe Straßberg evtl. auch mit Kfz: Von Telfs-Sagl (wird nach Abfahrt über den Telfser Berg – siehe Seite 65 – berührt) auf der Straße nach Telfs bis zu einer weißen Hirtenstatue. Dort rechts abbiegen, nach 25 m (Hinweisschild zur Post) halbrechts aufwärts fahren, dann die dritte Abzweigung nach links wählen (kleines Ortsschild Lehen, St. Veit, Hinterberg). Nach etwa 2 km erreicht man den Gasthof Lehen. Davor an einem „bunten" Felsen rechts vorbei und gleich an der nächsten Gabelung links der Sandstraße in Richtung Straßberg folgen. (Sie ist als Anliegerstraße ausgewiesen, die Benutzung wird aber von der Gemeinde geduldet.)

2 Von Telfs durch das Rinnertal („Bergsöhnesteig“)

auer: *Etwa 2 3/4 Std.*
nforderung: *Markiert, AV-Weg r. 811. Einfache Wanderung.*

on Telfs-Emat (von der Schottergru-e) nördlich im Rinnertal aufwärts. an trifft auf die von Hinterberg erauführende Fahrstraße. Auf ihr anz kurz nach links, dann wieder em Wanderweg folgen. Er quert die ahrstraße, und weiter oben geht man r eine Weile auf ihr entlang, bis sie nach rechts (Osten) hinüberführt. Jetzt nördlich in den Bachgraben und aus ihm in Nordrichtung mit Kehren durch Wald empor. Zuletzt wird wiederum die Fahrstraße erreicht. Auf ihr nach Straßberg und von dort weiter wie auf Seite 64 beschrieben.

3 Von Wildermieming über das Ochsenbrünnl

Dauer: *Etwa 2 Std.*
Anforderung: *Markiert, Nr. 18a. Einfache Wanderung.*

7 Alplhaus

Für AV-Mitglieder zugängliche Selbstversorgerhütte

Talorte: Telfs (633 m), Wildermieming (884 m).
Anfahrt: Telfs ist Bahnstation der Inntallinie. Der Bahnhof liegt außerhalb des Ortes an der südlichen Innseite. Mit dem Kfz erreicht man Telfs über die Inntalautobahn, oder über Leutasch bzw. Seefeld und den Telfser Berg. Wildermieming liegt auf dem Mieminger Plateau etwas nördlich von Affenhausen, einem an der Landesstraße zwischen Telfs und Mieming gelegenen Weiler. Nach Affenhausen Busverbindung von Telfs. Günstiger ist es, ab Busbahnhof Innsbruck (beim Bahnhof) auf der Linie Telfs – Obsteig – Schattwald nach Affenhausen-Wildermieming zu fahren. Parkmöglichkeiten in Wildermieming am westlichen Ortsrand.

Zugänglich: ganzjährig.
Schlafplätze: 16.
Raumaufteilung: ein Raum mit zehn, ein Raum mit sechs Lagern.
Sanitäre Einrichtungen: einfache Ausstattung; Brauchwasser aus einem Regenwassertank; Trinkwasserquelle 10 Min. von der Hütte.
Sonstige Einrichtungen: Küche mit Herd und Geschirr; Solarenergie-Anlage.
Reservierung und Schlüssel: Für AV-Mitglieder über die Service-Stelle der Sektion München (siehe Seite 99).
Eignung für Familien: Für Familien mit Kindern jeden Alters sind sowohl die Hütte als auch ihre Umgebung mit den sanften Wiesenböden hervorragend geeignet. Neben der Neuen Alplhütte befindet sich eine große Spielwiese.
Karten: AV-Karte Wetterstein- und Mieminger Gebirge, Mittleres Blatt, 1:25000; österr. Topogr. Karte Blatt 116 (Telfs), 1:50000.

Der vielleicht reizvollste Zugang zum Alplhaus mit herrlichen Ausblicken über das Inntal.

Vom westlichen Ortsrand auf Sträßchen („Holzgasse“ auf der AV-Karte) etwa 250 m in Nordrichtung. Bei Verzweigung (Ww. „Alplhütte“) dem Fahrweg nach rechts folgen. Bald zweigt nach links aufwärts ein Kreuzweg ab, dem man – einmal einen Bachgraben ausquerend – bis zur Wendelin- oder Ochsenbrünnlkapelle (1178 m) folgt. Weiter auf bequemem, schönem Weg zu einer Wiesenfläche mit Schäferhütte. Dort links ab. Plötzlich sieht man oben aus dem Wald das Alplhaus herausblitzen. Man folgt dem ins Alpltal hineinführenden Weg, erreicht den Bach und steigt jenseits etwas steil am Sporn, auf dem die Hütte steht, hinauf, bis man auf den von Straßberg heraufführenden Weg trifft. Auf ihm zum Haus.

Vor der Ochsenbrünnlkapelle.

Die Hohe Munde; ganz rechts der Niedere-Munde-Sattel.

4 Von Wildermieming über Sagkapelle und Straßberg

Dauer: *Etwa 2 Std.*

Anforderung: *Markiert, Nr. 18b. Einfache Wanderung. (Auch Winterzugang)*

Von der Wildermieminger Kirche folgt man dem Ww. „Bergdoktorhaus“ und geht an diesem vorbei bis zum Waldrand (Parkmöglichkeit). Nun zu Fuß auf dem Fahrweg bis zur Sagkapelle (964 m). Gleich danach am besten auf dem unterhalb des Fahrweges verlaufenden Wanderweg weiter. (Im Winter bleibt man auf dem geräumten Fahrweg.) Er trifft oberhalb der Straßbergklamm wieder auf den Fahrweg. Am Hang entlang taleinwärts nach Straßberg und wie auf Seite 64 beschrieben zum Alplhaus.

Übergang

5 Vom Alplhaus über den Niedere-Munde-Sattel (2055 m) ins Gaistal und zur Tilfußalm

Dauer: *3 1/2 bis 4 Std.*

Anforderung: *Markiert, AV-Weg Nr. 811. Einfache Wanderung. Für Kinder ab etwa zehn Jahren geeignet.*

Vom Alplhaus kurz nordöstlich in den Talgrund hinab und drüben dem Steig in Ostrichtung auf den Hintereggengrat folgen. (Ww.) Nun nördlich ins Kar unterhalb des Karkopfes und östlich, einige Gräben ausgehend, zur Einmündung des von Straßberg heraufführendes Steiges. Jetzt teilweise steil in Kehren durch latschenbewachsenes Gelände aufwärts in den Niedere-Munde-Sattel. 2 Std.

Jenseits in vielen Kehren erst durch Latschen, dann im Wald hinunter zum Gaistalbach und auf den Gaistal-Fahrweg. Kurz nordwestlich hinauf zur Tilfußalm. (Von dort über Steinernes Hüttl, Wannigjöchl, Feldernjöchl und Gatterl zur Knorrhütte siehe Seite 27).

Gipfeltouren

6 Hohe-Munde-Westgipfel (2659 m)
Aufstiegszeit: *4 1/2 Std.*

Anforderung: *Markiert. Gute Kondition, Trittsicherheit und Schwindelfreiheit sind unbedingt erforderlich. Für größere, trainierte Kinder (etwa ab 12 Jahren) mit Klettersteigerfahrung geeignet.*

i

Nach dem Hüttenaufenthalt

- umgehend in der Service-Stelle Schlüssel abgeben
- Hüttengebühren abrechnen
- eventuelle Schäden (auch von Ihnen verursachte) melden

Ausrüstung: *Klettersteig-Sicherheitsausrüstung (siehe Seite 134).*
Die Hohe Munde gehört zu den bekannten Bergen in der großenteils wenig besuchten Mieminger Kette. Meist wird sie von Osten, von der Rauthhütte her, erstiegen. Der Westanstieg aber ist wesentlich interessanter.

Wie auf Seite 67 beschrieben in den Niedere-Munde-Sattel. Von dort in Ostrichtung erst rechts unterhalb der Gratschrofen, dann direkt über den Rücken empor. Man gelangt in eine kleine Scharte. Aus ihr über eine mit Klammern gesicherte Platte zum Grat und über ihn (Sicherungen) auf den Vorgipfel. Das folgende Gratstück wird südseitig umgangen und danach knapp 100 Höhenmeter ins „Rauhe Tal" abgestiegen. Man quert es und steigt rechts von einer Rinne an Drahtseilen wieder zum Grat hinauf, den man nahe des Westgipfels erreicht.

Abstieg: Wenn man wieder zum Alplhaus zurückgehen möchte, auf der Anstiegsroute.
Etwa 3 Std.

Wer nicht zum Alplhaus zurück muss, steigt vom Westgipfel aus über den Rücken ostwärts hinunter. Er verschmälert sich zum Grat. Über ihn zu den „Steinernen Manndln" und über Geröll und Felsstufen auf den großflächigen, verkarsteten **Hohe-Munde-Ostgipfel** (2592 m; auch Signalgipfel). Von dort dem Kamm nordostwärts folgen und in Kehren über den teilweise grasbewachsenen Osthang hinab ins Latschengelände. Zuletzt wird über Grashänge die **Rauthhütte** (1605 m, privat, ganzjährig bewirtschaftet, 50 Schlafplätze) und damit die Bergstation des Sessellifts erreicht. Nun am besten per Lift nach Leutasch-Moos, oder zu Fuß jeweils in knapp 1 Std. nach Moos, Leutasch-Obern oder Klamm. Oder auch nach Buchen am Telfser Berg.

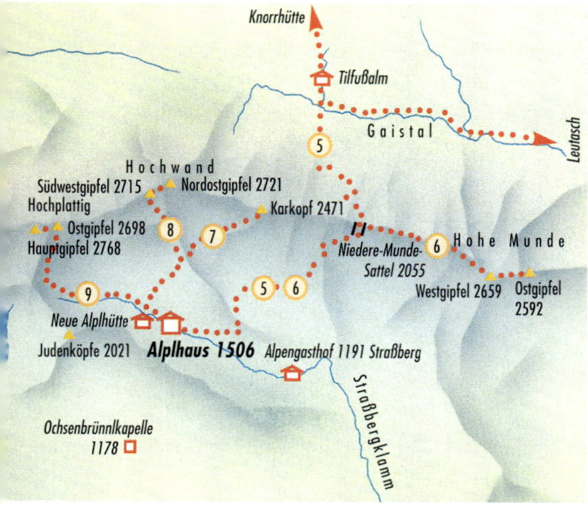

Der Hochwand-Nordostgipfel.
Kleines Bild: Hohe-Munde-Westgipfel.

7 Karkopf (2471 m)

Aufstiegszeit: *3 bis 3 ½ Std.*
Anforderung: *Markiert. Schwierigere Passagen sind mit Drahtseilen gesichert. Für trainierte und schwindelfreie Kinder ab etwa 10 Jahren geeignet.*

Der Karkopf ist der vom Alplhaus am einfachsten erreichbare Berg der Mieminger Kette. Wenn er auch etwas unscheinbar wirkt, so steht die Gipfelschau der seiner höheren östlichen und westlichen „Brüder“ nicht nach.

Vom Alplhaus zur Neuen Alplhütte. Von dort der Markierung über die große Wiese und auf den Hintereggenkamm folgen. Auf ihm etwa 100 Höhenmeter in Nordwestrichtung empor bis zu Wegverzweigung. Dort verlässt man die zur Hochwand führende Route (siehe Seite 70), quert das breite Geröllfeld nach rechts und folgt den roten Markierungen nordöstlich bis auf den Karkopf.

Abstieg: Auf der Anstiegsroute. Etwa 2 Std.

8 Hochwand (Südwestgipfel, 2715 m, Nordostgipfel, 2721 m)

Aufstiegszeit: *4 bis 4 ½ Std.*
Anforderung: *Markiert. Mühsamer*

Anstieg über Felsstufen, Geröll und splittrige Schrofen, der gute Wetterverhältnisse erfordert. Nur für geübte Bergsteiger empfehlenswert. Einige Passagen sowie der Gratübergang zum Nordostgipfel Schwierigkeitsgrad I und schwach II.

Die Hochwand ist im Grunde der (wenn auch mächtige) Hausberg des Alplhauses. Sie gehört zu den höchsten Erhebungen der Mieminger Kette. Ihre Schauseite überragt mit über 1100 Meter hohen Wänden, Graten und Pfeilern das Gaistal.

Vom Alplhaus zur Neuen Alplhütte und wie auf Seite 69 beschrieben auf den Hintereggenkamm. Man folgt ihm in Nordwestrichtung, passiert die Abzweigung zum Karkopf und geht nordwestlich weiter, bis die Markierung nach links auf die Südabdachung leitet. Dort über Gras- und Geröllhänge zu einer Felsstufe, über sie empor und auf dem wenig ausgeprägten Südostgrat zum Südwestgipfel der Hochwand. Der etwas höhere Nordostgipfel wird in 1/4 Std. über den brüchigen Verbindungsgrat erreicht.

Abstieg: Auf der Anstiegsroute. Etwa 2 3/4 Std.

9 Hochplattig (Ostgipfel, 2698 m, Hauptgipfel, 2768 m)

Dauer: *4 1/2 bis 5 Std.*

Mühsamer Anstieg über Geröll, Schrofengelände und durch brüchige Rinnen, der erstklassige Sichtverhältnisse verlangt. Steinschlaggefahr durch höher oben Steigende. Nur

Der Hochplattig, der höchste Gipfel der Mieminger Kette.

n weglosen Gelände geübten, rientierungsstarken Bergsteigern u empfehlen.
'inige Passagen – der Klemmblock n Kamin sowie der schuttbedeckte, rüchige Verbindungsgrat vom Ost-um Hauptgipfel – Schwierigkeitsgrad ', vielfach I.

er Hochplattig ist der Höchste in en Miemingern und kein leicht zu rsteigender Berg. Es sind nicht die her unbedeutenden Felsschwierigkei-en, sondern es ist die Gesamtsumme er Anforderungen, die den Hochplat-g zu einer ernsthaften Bergtour wer-en lassen. Vor allem: Es gibt keinen nschwierigen Abstieg. Zurück gelangt nan nur auf der Anstiegsroute.

Vom Alplhaus zur Neuen Alplhütte nd auf dem zum Judentörl führen-en Steig in Westrichtung bis ins interste Alpltal. Nun nicht nach links inauf ins Törl, sondern sich etwas echtshaltend zur Geröllreise, die von er Scharte zwischen Judenfinger links) und Hochplattigmassiv herun-erzieht. Über den Schutt (Steigspu-en) und durch die Geröllrinne müh-am aufwärts, bis sich wenig nterhalb der Scharte rechts ein Kamin öffnet. Durch ihn empor brüchig, Reste einer alten Drahtseil-icherung). Man präge sich die Ausstiegsstelle gut ein, damit man ie beim Abstieg wiederfindet.

/om Ausstieg über den eine tief ein-geschnittene Rinne rechts (östlich) begrenzenden Rücken hinauf zum Hochplattig-Signalgipfel.

Rucksackapotheke

Für die auf Bergtouren selbst mitzuführende „Apotheke“ wird folgende Minimalausstattung empfohlen:

- Heftpflaster verschiedener Größen
- zwei Verbandspäckchen
- zwei Binden mit jeweils 10 cm Breite, elastisch, selbstklebend
- eine Rolle Heftpflaster, 2 cm breit
- ein Dreiecktuch und zwei Sicherheitsnadeln
- Schmerztabletten (deren Eignung für Kinder mit dem Hausarzt abgeklärt werden sollte)

Die Inhaltsliste der Ergänzungsapotheke für das Entgegenwirken bei Augenentzündungen, Erkältung, fieberhaftem Infekt, Halsschmerzen, Husten, Schnupfen, Magen-Darm-Störungen, Übelkeit usw. sollte vom Haus- bzw. Kinderarzt erstellt werden.

Beim Übergang zum Hauptgipfel folgt man, einige Male südseitig ausweichend, dem nach Westen verlaufenden, sehr brüchigen und mit feinem Geröll bedeckten Grat.

Abstieg: Auf der Anstiegsroute.
Etwa 3 Std.

8 Probstalmhütte (1376 m)

Oberhalb des Längentalschlusses steht an landschaftlich reizvollem Platz die Probstalmhütte. Sie ist 1930 von der Sektion München erworben worden und dient als idealer Stützpunkt für Achselköpfe/Benediktenwand, Kirchsteine, Latschenkopf, Brauneck und Probstenwand mit ihren zahlreichen Wander- und Klettermöglichkeiten. (Routen-Topo's liegen in der Hütte auf.) Auch einige nette Skitouren lassen sich von der Probstalmhütte aus unternehmen.

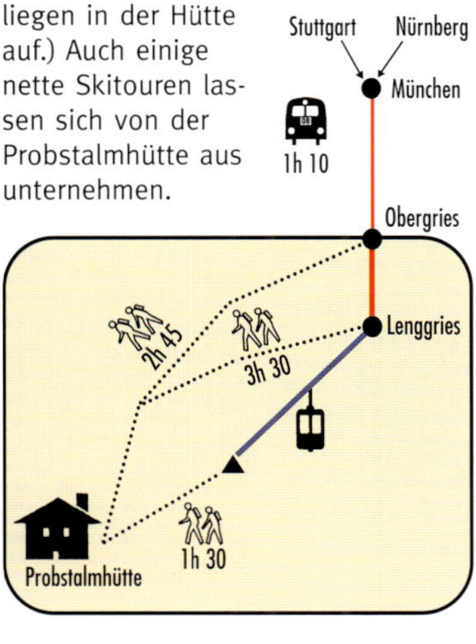

Sommerzugänge

1 Von der Brauneckbahn-Bergstation (1530 m) über die Idealhanghütte und den Feichtecksattel (1626 m)

Dauer: *Etwa 1 1/2 Std.*

Anforderung: *Markiert. Einfache Bergwanderung.*

Mit Hilfe der Kleinkabinen-Bergbahn auf das Brauneck ergibt sich der rascheste Zugang zur Probstalmhütte.

Von der Bergstation westlich auf Fahrweg zur Tölzer Skihütte und weiter zur Quengeralm. Von dort in Westrichtung (Fahrweg) zur Idealhanghütte und links der Skipiste auf steilem, breitem Weg aufwärts in einen Sattel zwischen Latschenkopf und Feichteckwand. Auf dem Steig westlich weiter zum Feichtecksattel (Wegverzweigung, Ww.). Nun verlässt man den Kamm nach rechts in Richtung Längental hinunter. In Kehren teils durch Latschen abwärts zu einer Wiesenmulde. Weiter an Felswandln entlang bis zur Einmündung des vom Rotöhrsattel herunterführenden Steiges und rechts (nördlich) hinab zur Probstalmhütte.

2 Vom Längentalparkplatz über Kirchsteinhütte und Längentalalm (1003 m)

Dauer: *2 1/4 Std.*

Anforderung: *Markiert. Einfache Bergwanderung.*

Durch das Längental führt der landschaftlich reizvollste Zugang zur Probstalmhütte.

Vom Parkplatz (hierher zu Fuß von Obergries bzw. Arzbach in 3/4 Std.) in weiten Kehren auf einer Forstraße hinauf. Dort wo sie sich verzweigt, links gehen und an der Gabrielalm vorbei zur **Kirchsteinhütte** (1050 m, privat, ganzjährig bewirtschaftet, 41 Schlafplätze, Tel. 0 80 41/97 43). Dem Fahrweg auf die weit ausgedehnte Längentalalm folgen.
Ab der Hinteren Längentalalm geht er in einen romantischen Bergsteig über, der im Talschluss – nahe der Edelweißhütte – zu enden scheint. Er führt jedoch als schmaler Steig zuerst in Richtung Probstenwand aufwärts, an einem Wasserfall vorbei (nach längeren Regenfällen oder bei Vereisung in spätherbstlichen Morgenstunden evtl. vor allem für kleinere Kinder problematisch) und oberhalb davon über den Arzbach. Dann weniger steil auf landschaftlich schönem Weg zur Probstalmhütte.

3 Von Lenggries über Vorderleitenberg (989 m) und Längentalalm

Dauer: *Etwa 3 1/2 Std.*
Anforderung: *Markiert. Einfache Bergwanderung.*
Kein direkter Zugang, sondern vielmehr ein kleiner, reizvoller „Umweg" zur Probstalmhütte.

Nördlich der Lenggrieser Kasernen führt ein Fahrweg über Wiesen in Westrichtung an die bewaldeten Hänge. Steil im Wald aufwärts zur Höhe des Vorderleitenbergs (Forstwegabzweigungen bleiben unbeachtet) und südwestlich weiter, bis man auf eine breite Forststraße trifft. Auf ihr in gleicher Richtung bis zu einem Wegkreuz. Dort verlässt man die Straße (sie führt in Richtung Brauneck) und folgt dem sogenannten „Jägersteig", auf dem man durch Wald und über Wiesen hinunter zur Längentalalm gelangt. Weiter wie auf Seite 74 beschrieben.

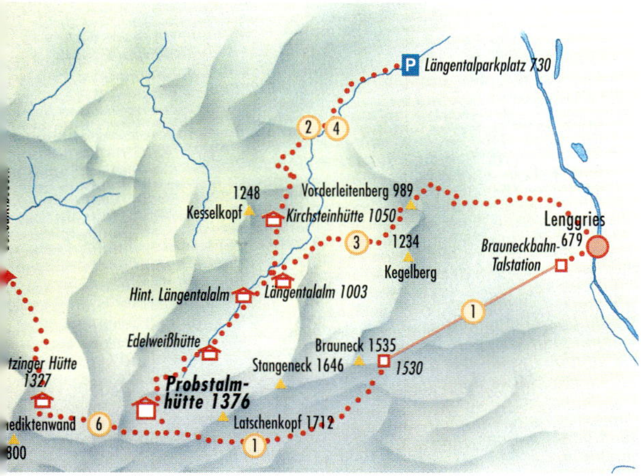

8 Probstalmhütte

Für Mitglieder der Sektion München und für Plus-Mitglieder zugängliche Selbstversorgerhütte

Talorte: Lenggries (679 m), Arzbach (679 m).
Anfahrt: Lenggries ist Bahnstation. Arzbach wird sowohl von Bad Tölz (Bahnstation) als auch von Lenggries aus per Bus, und von Obergries (Bahnstation) auf einer Fußgängerbrücke über die Isar erreicht.
Mit dem Kfz fährt man von Bad Tölz auf der B 13 nach Lenggries (beschilderte Abfahrt). Rechts über die Isarbrücke und der deutlichen Beschilderung nach zur Talstation der Brauneckbahn. Wenn man nach Arzbach fahren möchte, biegt man nach der Lenggrieser Isarbrücke rechts auf die Straße Nr. 2072 ab. Sie führt über Schlegldorf nach Arzbach. Von der Kirche auf schmaler, aber guter Teerstraße zum Kirchsteinhütte-Parkplatz (etwa 2 km; schon an der Hauptstraße ausgeschildert).
Zugänglich: ganzjährig.
Schlafplätze: 25.
Raumaufteilung: zwei Lager mit jeweils elf, zwei Lager mit jeweils vier Schlafplätzen.
Sanitäre Einrichtungen: Bad, WC.
Sonstige Einrichtungen: elektrisches Licht, Herd für Holzfeuerung.
Reservierung und Schlüssel: Nur für Mitglieder der Sektion München (und *Plus*-Mitglieder) über deren Service-Stelle.
Eignung für Familien: Die Probstalmhütte mitsamt ihrer ungefährlichen Umgebung ist für Familienaufenthalte mit größeren Kindern ideal geeignet. An den Felsabbrüchen südlich oberhalb der Hütte, direkt am Weg zum Feichtecksattel, wurden in jüngerer Zeit mehrere kurze Kletterrouten von IV bis VIII+ eingerichtet.
Karte: Topogr. Karte Bad Tölz – Lenggries und Umgebung, 1:50000

Winterzugänge

4 Vom Längentalparkplatz über Kirchsteinhütte und Längentalalm

Siehe Seite 74.

5 Von der Brauneckbahn-Bergstation (1530 m) über die Idealhanghütte und den Feichtecksattel (1626 m)

Piste, Schlepplifts, Tourenabfahrt. Lawinensichere Verhältnisse sind notwendig.

Ein bei guten Voraussetzungen (wenig Andrang an Bahn und Lifts, lawinensicherer Schnee) eleganter „Zugang" zur Probstalmhütte.

Mit den Ski der Pistenbeschilderung nach zur Idealhanghütte und mit dem Idealhang-Schlepplift zu dessen Bergstation. Westlich mit den Fellen in den Feichtecksattel und von dort rechts über die schönen Nordwesthänge zur Probstalmhütte abfahren.

6 Übergang

Von der Probstalmhütte über den Rotöhrsattel (1670 m) zur Tutzinger Hütte

Dauer: *Etwa 1 1/2 Std.*

Anforderung: *Markiert. Einfache Bergwanderung, die problemlos auch für Kinder zu bewältigen ist.*

Dieser kurze Übergang führt aus dem lieblichen Almgelände unter die ernste Nordwandlandschaft der Benediktenwand, des höchsten Wandabbruches der Bayerischen Voralpen.

Von der Probstalmhütte nicht auf dem früher üblichen Weg in Südwestrichtung hinauf (dieser Weg wurde aufgelassen; die Erosionsschäden in seinem Bereich werden mit Hilfe einer „Umweltbaustelle“ zu sanieren versucht), sondern südlich mit Kehren in Richtung Feichtecksattel aufwärts bis zur Wegverzweigung unterhalb der kleinen Felswände. Jetzt rechts (westlich) ab und durch Latschen und teils über Schrofen unter den Achselköpfen durch in den Rotöhrsattel. Von dort kurzer, steiler Abstieg nach rechts, dann nahezu eben hinüber auf einen Grasrücken. Nun mit Kehren in Westrichtung unterhalb des Ostteiles der breiten Benediktenwand-Nordwand abwärts zur herrlich gelegenen **Tutzinger Hütte** (1327 m, DAV-Sektion Tutzing, bewirtschaftet von Ende April bis Anfang November, von 29. Dezember bis 6. Januar und von Karfreitag bis Ostermontag, 140 Schlafplätze, Tel. 0 88 57/2 10).

Benediktenwand vom Weg Benediktbeuern – Tutzinger Hütte.

Abend auf der Benediktenwand.

Gipfeltouren

7 Benediktenwand (1800 m)
Aufstiegszeit: *Etwa 1 3/4 Std.*
Anforderung: *Markiert. Trittsicherheit ist erforderlich. Für größere, an gesicherte Steige gewöhnte Kinder ab etwa 10 Jahren geeignet.*
Vom Rotöhrsattel aus lässt sich der Benediktenwandgipfel über den „Ostweg" rasch erreichen. Mit Abstieg über den „Westweg" bietet sich eine reizvolle Überschreitung des Berges an.

Vom Rotöhrsattel dem anfangs mit Drahtseilen gesicherten Steig über den ersten felsigen Aufschwung hinauf folgen. Zwischen Felsen und durch Latschengassen wird eine Schulter erreicht, von der aus bereits das Gipfelkreuz zu sehen ist (siehe kleines Foto oben). Weiter durch latschenbewachsenes Gelände meist an der Südseite knapp unterhalb des Kammes zum höchsten Punkt. (Unterstandshütte)

Abstiege: Entweder in 1 1/4 Std. auf der Anstiegsroute, oder über „Westweg" und Tutzinger Hütte: Vom Gipfel südseitig unterhalb des Kammes, dann auf ihm in Westrichtung abwärts bis zu Wegverzweigung. Dort nicht dem Weg links in die Jachenau hinunter folgen, sondern geradeaus weiter, rechts um die Ausläufer der Benediktenwand herum und in Kehren entlang des westlichen Nordwandteils landschaftlich eindrucksvoll hinab zur Tutzinger Hütte. Nun Gegenanstieg in den Rotöhrsattel und zur Probstalmhütte zurück.
Etwa 2 1/4 Std.

8 Benediktenwand (1800 m) über die Achselköpfe

Dauer: *Etwa 2 1/2 Std.*
Anforderung: *Markiert. Trittsicherheit und Schwindelfreiheit sind notwendig. Die Felsen des gesicherten Steiges sind durch die vielen Begehungen sehr „abgespeckt". Bei Nässe ist daher von dieser Tour abzuraten. Für größere Kinder ab etwa 10 Jahren, die bereits Erfahrung an gesicherten Bergsteigen haben, bei entsprechender Umsicht der Erwachsenen geeignet.*
Die Überschreitung der Achselköpfe vom Feichteck- zum Rotöhrsattel mit Weiterweg zur Benediktenwand ist eine altbekannte, beliebte, an Wochenenden „überlaufene" Tour und Teiletappe des altbekannten Gratübergangs vom Brauneck zur Benediktenwand.

Vom Feichtecksattel (siehe Seite 73) dem am Kamm verlaufenden Steig in Südwestrichtung durch Latschen auf den Östlichen Achselkopf folgen. Der von der DAV-Sektion Bad Tölz angelegte „Höfler-Steig" führt ab da über den Großen Achselkopf (1707 m) und an den Nordseiten der Westlichen Achselköpfe vorbei (einmal eine etwas längere, gesicherte Abstiegsstelle) in den Rotöhrsattel. Von dort weiter wie auf Seite 77 beschrieben.

9 Probstenwand (Hennenkopf, 1613 m)

Aufstiegszeit: *Etwa 1 Std.*
Anforderung: *Weglos, jedoch ohne Schwierigkeiten. Für Kinder ab etwa*

Benediktenwand vom Feichtecksattel.

8 Jahren und bei entsprechender Vorsicht der erwachsenen Begleiter in der Gipfel-Felsrinne geeignet.
Die Probstenwand ist der nordseitige Hausberg der Probstalmhütte. Die namengebende Nordostwand des Berges beherrscht als sein Schaustück das Längental.

Von der Probstalmhütte in Südwestrichtung auf einen Geländevorsprung hinauf. Von dort nordwestlich aufwärts in eine Mulde und weiter in einen Sattel (etwa 1535 m). Jetzt nach Norden, links an einem Kopf vorbei und in die nächste, etwas höhere Einsattelung. Sie wird von

einem kleinen zerrissenen Grat, dem Hennenkopf, überragt. Durch eine kurze, unschwierige Felsrinne gelangt man auf den höchsten Punkt.
Abstieg: Über die Aufstiegsroute.

10 Hinterer Kirchstein (1667 m)

Aufstiegszeit: *Etwa 1 1/4 Std.*
Anforderung: *Trittsicherheit ist erforderlich. Für Kinder ab etwa 10 Jahren, die Übung auf schrofigen Steigen haben, geeignet.*
Der Hintere Kirchstein steht unmittelbar östlich oberhalb der Probstalmhütte. Nach Südwesten bricht er mit einer schönen Felswand ab.

Vom Feichtecksattel (siehe Seite 73) auf schmalem Steig erst in Nordwestrichtung, dann nördlich über einen latschenbewachsenen, schrofigen Hang zum Gipfel.
Abstieg: Über den Aufstiegsweg.

11 Latschenkopf (1712 m)

Aufstiegszeit: *Gut 1 Std.*
Anforderung: *Markiert. Unschwierige Bergwanderung. Für Kinder ab 6 Jahren geeignet.*
Der Latschenkopf steht als mächtige Berggestalt im Kammverlauf zwischen Brauneck und Feichtecksattel. Gen Süden bricht er mit steilen Gras- und Schrofenflanken ab. Vom Feichtecksattel nordöstlich durch Latschengassen auf den Kamm und zum Gipfel.
Abstiege: Entweder auf der Anstiegsroute. Oder über das **Stangeneck und die Tennenalm:**

Man folgt dem Kammweg in Nordostrichtung, geht südlich unterhalb des **Vorderen Kirchsteins** (1670 m) vorbei, gelangt auf das **Stangeneck** (1646 m) und steigt am Ostrücken steil auf schrofigem Pfad in den

Auf dem Latschenkopf.

Die Tennenalm.

Sattel vor dem **Schrödelstein** ab. Nahe der Stelle, wo der Bergsteig in die Promenadewege des Brauneckgebiets mündet, bei einer Bank (Wegschilder), scharf links ab. Man quert unterhalb der Nordabbrüche des Stangenecks zur schön gelegenen Tennenalm hinüber. Von dort auf Steig in Südwestrichtung unterhalb von Vorderem und Hinterem Kirchstein zur Probstalmhütte zurück. Etwa 2 Std.

Ab Tennenalm gäbe es noch eine reizvolle **Abstiegsvariante:** Man geht an der Almhütte links vorbei und bis unter den kleinen Aufschwung des **Längentalkopfes** (1473 m; er lässt sich rasch und unschwierig „mitnehmen"). Jetzt links auf steilem, nicht markiertem Steig ins Längental hinunter, das bei der Hinteren Längentalalm erreicht wird. Von dort wie auf Seite 74 beschrieben zurück zur Probstalmhütte.

Skitouren

Im engen Rund um die Probstalm gibt es einige Skitourenmöglichkeiten. Die Hänge weisen zwar maximal nur 300 Höhenmeter auf, dafür sind sie mittelsteil bis sehr steil und vollkommen frei. Das heißt, sie fordern absolut lawinensichere Verhältnisse.

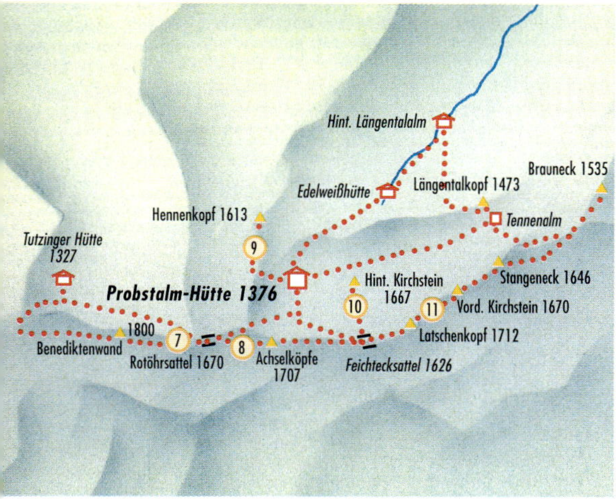

12 Probstenwand (Hennenkopf, 1613 m)

Aufstiegszeit: *Etwa 1 Std.*

Wie auf Seite 78 beschrieben auf den Hennenkopf.

Abfahrt: Entweder entlang der Aufstiegsspur. Oder, bei ganz sicheren Verhältnissen, auch über den sogenannten **„Großen Polizeihang“:** Vom Skidepot unterhalb der Gipfelfelsrinne in Nordostrichtung unter den Felsen entlang auf eine Schulter. Von dort über den sehr steilen Hang und durch die folgende Mulde in den Kessel unterhalb der Probstalmhütte abfahren.

13 **Rotöhrsattel (1670 m)**
Aufstiegszeit: *Etwa 1 Std.*
Von der Probstalmhütte rechts des Bacheinschnitts südwestlich in den hintersten Probstenkessel. Von dort zunehmend steil in den Rotöhrsattel empor.
Abfahrt: Entlang der Aufstiegsspur. Sehr geübte Skibergsteiger können – bei lawinensicheren Verhältnissen – wie auf Seite 77 beschrieben vom Rotöhrsattel auf dem „Ostweg“ zum **Benediktenwandgipfel** aufsteigen und von dort über den „Westweg“ zur Tutzinger Hütte abfahren. Ab hier empfiehlt sich die Nordabfahrt durch lichten Lärchenwald und über flache Hänge zur Eibelsfleckalm (1033 m). Von dort nicht links der Almstraße nach, sondern in Nordwestrichtung am Eibelsbach entlang hinunterfahren. Ein kurzer Gegenanstieg führt wieder auf die Almstraße, die oberhalb der Kohlstatt erreicht wird. Nun auf der Straße hinunter zum Benediktbeurer Schwimmbad.

i

Mit kleineren Kindern auf Tour

- Kinder im Spielalter (also von einem halben Jahr bis zu 4 Jahren) können 1–2 Stunden in der Kindertrage („Kraxe“) mitgenommen werden. Dazwischen ausreichende Pausen zum Spielen und – je nach Alter – selbstständige Gehversuche.
- Mit Kindern zwischen 4 und 6 Jahren lassen sich durchaus schon Wanderungen auf leichten Bergwegen mit einer Gezsamtzeit bis zu 3 Stunden unternehmen. Ausreichend lange Spiel- und Erholungspausen können dabei das Unterwegssein gut und gerne auf 5–6 Stunden – also auf eine knappe Tagestour – ausdehnen.
- Kinder von 6–9 Jahren kann man bereits zu mehrstündigen Touren und zu Wanderungen auf Hütten (auch mit Übernachtung) anregen. Die reine Gesamtgehzeit sollte dabei jedoch nicht über 4 (allerhöchstens 5) Stunden liegen, wobei jeweils nach etwa 1 Stunde Unterwegsseins eine 20-minütige bis halbstündige Pause einzuplanen wäre.

9 Rauhalmhütte (1400 m)

Die Rauhalmhütte steht östlich unterhalb des Seekarkreuzes in den Lenggrieser Bergen. Sie ist seit 1921 von der Sektion München gepachtet und eine reine Winterhütte der Skiabteilung. Im Sommer dient sie als Alm.

In erster Linie ist die Rauhalm Stützpunkt für die netten Skitouren Seekarkreuz/Schönberg oder Schönberg/Hochplatte. Doch lassen sich oft noch Mitte Oktober/Anfang November – bei schneearmen Wintern bereits auch wieder Mitte/Ende April – Bergwanderungen ins Gebiet von Roß- und Buchstein oder der Kampen unternehmen.

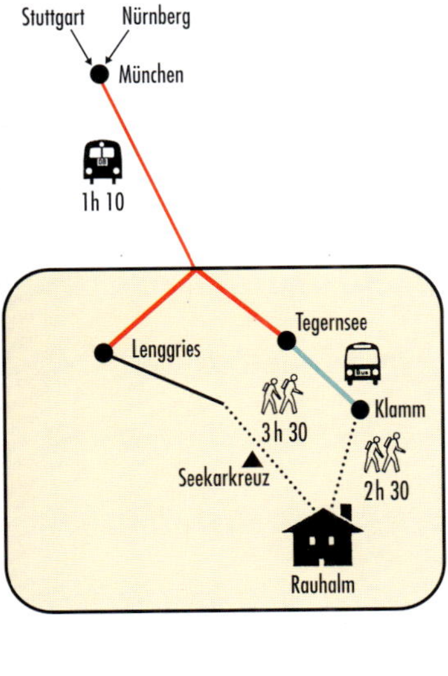

Wintermorgen bei Hohenburg.

Zugänge

1 Von Lenggries-Hohenburg (708 m) über Sulzersteig, Lenggrieser Hütte (1338 m) und Seekarkreuz (1601 m)

Dauer: *3 bis 3 1/2 Std.*

Anforderung: *Teilweise markiert. Einfache Wanderung; der Sulzersteig ist jedoch oft feucht und unangenehm rutschig.*

Von Hohenburg der Fahrstraße östlich in Richtung Hirschtalsattel folgen. Nach gut 3/4 Std., hinter einer Winterstube, zweigt rechts der Weg zur Lenggrieser Hütte (Ww.) ab. Er führt erst an einem Bach entlang und dann steil durch Wald, zuletzt mit vielen kleinen Kehren auf die Wiesen der Seekaralm. Man gelangt auf einen Fahrweg, der nahezu eben in

Südwest-, dann in Südrichtung zur **Lenggrieser Hütte** (1338 m, DAV-Sektion Lenggries, ganzjährig bewirtschaftet, jedoch im Frühjahr und im Spätherbst jeweils 3 Wochen geschlossen, Dienstag Ruhetag, Montag bis Mittwoch keine Übernachtungsmöglichkeit; 46 Schlafplätze, Selbstversorgerraum mit 7 Schlafplätzen, Tel. 0161/1816583) führt. Knapp 2 Std.

Von der Lenggrieser Hütte südöstlich hinauf zum grasigen Kamm und über ihn auf lehmigem Pfad zum Gipfelgrat, der in Nordrichtung zum aussichtsreichen Seekarkreuz führt. 1/2 Std.

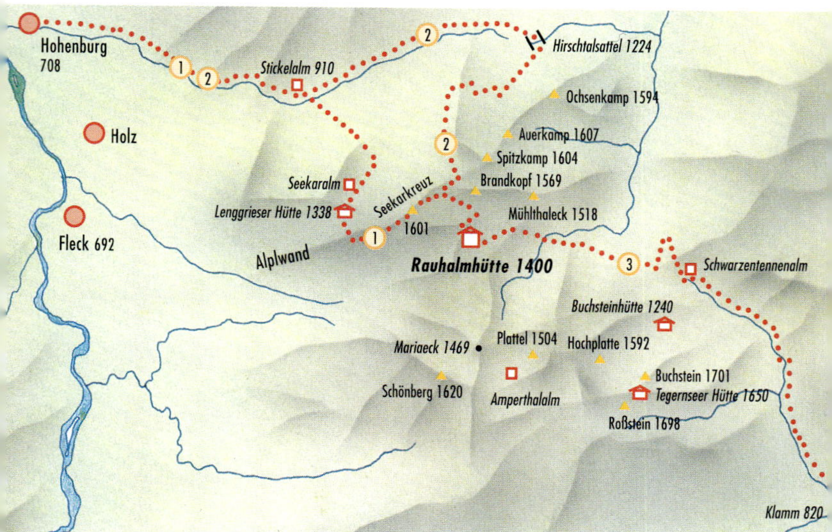

Vom Seekarkreuz entweder direkt über den Ostrücken (Steigspuren) hinunter zur Rauhalmhütte (es ist die am weitesten südlich gelegene Hütte), 1/4 Std. Oder man folgt dem grasigen Nordostgrat abwärts in den Sattel vor dem Brandkopf und geht von dort auf einer Almstraße rechts hinab zur Rauhalmhütte.
Knapp 1/2 Std.

2 Von Lenggries-Hohenburg über den Hirschtalsattel (1224 m)

Dauer: *Gut 3 1/2 Std.*
Anforderung: *Vollkommen einfache, etwas monotone, trotzdem nette Wanderung.*
Von Hohenburg auf der Fahrstraße östlich bequem ansteigend und erst zuletzt etwas steiler (zwei Kehren) in den Hirschtalsattel. (Alle vom Haupt-

9 Rauhalmhütte

Für Mitglieder der Sektion München und für Plus-Mitglieder zugängliche Selbstversorgerhütte

Talorte: Lenggries (679 m), Wildbad Kreuth (793 m).
Anfahrt: Lenggries ist Bahnstation. Der Ausgangspunkt Hohenburg befindet sich am Südostrand des Ortes. Mit dem Kfz wird Lenggries aus dem Münchner Raum auf der B 13 über Bad Tölz erreicht. (Dorthin auch auf der B 472 über Wolfratshausen/Bichl oder über Miesbach.) Etwas östlich der Schlossgaststätte Hohenburg gibt es einen Parkplatz.
Nach Wildbad Kreuth und weiter zum Ausgangspunkt Klamm besteht ab Bahnhof Tegernsee Busverbindung (Haltestelle „Winterstube"). Mit dem Kfz fährt man ab der Ausfahrt Holzkirchen der A8 München – Salzburg auf der B 318 über Gmund und Bad Wiessee nach Rottach-Egern und weiter auf der B 307 über Kreuth und Wildbad Kreuth nach Klamm. (Großer Parkplatz.)
Von Süden (Achenpass) gelangt man auf der B 307 hierher.
Zugänglich: 15. Oktober bis 20. Mai.
Schlafplätze: 16.
Raumaufteilung: zwei Schlafräume.
Sanitäre Einrichtungen: fließendes Wasser vor der Hütte.
Sonstige Einrichtungen: Herd und Ofen, elektrisches Licht durch Solarenergie (trotzdem Taschenlampen mitnehmen!)
Reservierung und Schlüssel: Nur für Mitglieder der Sektion München (und *Plus*-Mitglieder über deren Service-Stelle (siehe Seite 99).
Eignung für Familien: Die Rauhalmhütte ist für Familien mit größeren Kindern (etwa ab 12/14 Jahren), die schon etwas Skitourenerfahrung haben, ideal geeignet. Wenn kein Schnee liegt, „paßt" die urige Hütte für Kinder jeden Alters. Auch Skitourenausbildung lässt sich im relativ schneesicheren Rauhalmgebiet durchführen. Für „Trockenübungen" eignet sich der große Eingangsbereich (im Sommer Stall) der Hütte.
Karte: Topogr. Karte Bad Tölz-Lenggries und Umgebung, 1:50000.

Karwendel von der Tegernseer Hütte.

Seekarkreuz-Ausblick zur Benediktenwand.

weg abzweigenden Fahrwege bleiben unbeachtet.) Von dort der Straße weiter in Südwestrichtung bis zur Abzweigung vor der Buchenau-Diensthütte folgen. Nun auf dem links aufwärts führenden Fahrweg (ein Abzweig knapp unterhalb des Kammes bleibt unbeachtet) in den Sattel zwischen Brandkopf und Seekarkreuz und links (südöstlich) hinunter zu den Rauhalmhütten. **Auch Zugang mit Ski sowie ideale Mountainbike-Strecke.**

3 Von Klamm (etwa 820 m) über die Schwarzentennalm (1027 m)

Dauer: *Etwa 2 ½ Std.*
Anforderung: *Teilweise markiert. Einfache Bergwanderung, die unterhalb des Mühlthalecks etwas Findigkeit beim „Weghalten" verlangt.*
Günstigster Zugang; auch mit Ski.
Von Klamm folgt man der Straße im Schwarzenbachtal einwärts bis zur Schwarzentennalm. (Etwa 1 Std.) Noch etwa 700 m auf der Straße weiter, bis nach links eine breite Forststraße abzweigt (Ww.). Man folgt ihr,

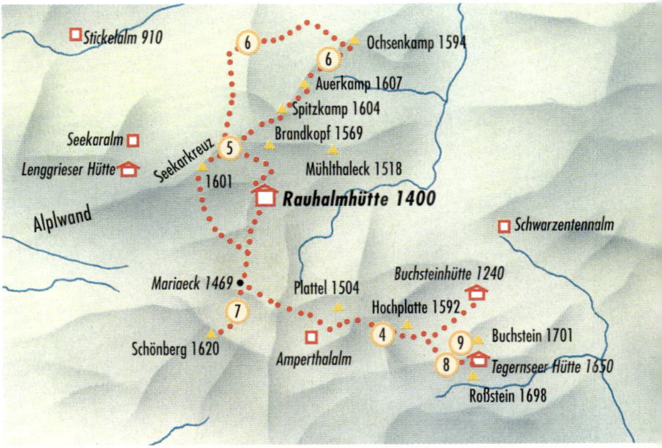

bis in einer Kehre (es ist die insgesamt vierte Straßenkurve) ein Forstweg nach rechts wegführt (Ww.). Auf ihm etwa 150 m entlang, dann dem Ww. „Seekarkreuz" folgen (rote Markierungen). Nach etwa 200 m Ww. Man erreicht eine kleine Brücke. Weiter in nordwestlicher Richtung, bis der Weg in einen Fahrweg übergeht. Auf diesem in einer Mulde am nördlichen Waldrand bergauf und zu den Rauhalmhütten.

Übergänge

4 Von der Rauhalmhütte über Mariaeck (1469 m) und die Roßsteinalm zur Buchstein- (1240 m) oder zur Tegernseer Hütte (1650 m)

Dauer: *Jeweils etwa 2 1/2 Std.*
Anforderung: *Teilweise markiert. Unschwierige Bergwanderung. Für Kinder ab etwa 8 Jahren geeignet.* Besonders das Schlussstück des Übergangs zur Tegernseer Hütte ist mit seinen recht eindrucksvollen „Felsbildern" nicht uninteressant.

Von der Rauhalmhütte südwestlich über einen Rücken mit freien Hängen und lichtem Wald (Zinner Leiten) auf den vom Seekarkreuz herunterziehenden Kamm, den man unterhalb von einigen markanten Felsbildungen erreicht. Südlich in den Sattel Mariaeck (1469 m). Dort (Ww.) nach Südosten abbiegen. Es folgt ein kleiner Abstieg, dann geht man fast eben in Ostrichtung hinüber zur Einsattelung vor dem Plattel (1504 m). An ihm südseitig herum zu einer Almstraße. Östlich bis unter die Hochplatte, wo sich die Straße verzweigt. Nun links ab zur Roßsteinalm. Von dort entweder in Nordostrichtung hinunter zur **Buchsteinhütte** (1240 m, privat, bewirtschaftet von Anfang Dezember bis Mitte November, 50 Schlafplätze, Tel. 0 80 29/2 44).

Buchstein vom „Altweibersteig".

Oder von den Almhütten rechts des Kammes südwärts. Nach Einmündung des vom Sonnbergalm-Hochleger herüberführenden Steiges leitet der Weg zur Tegernseer Hütte nach links unter die Nordflanke des Roßsteins. Bald mündet der Anstieg aus dem Schwarzenbachtal ein. Auf schrofigem Steig („Altweibersteig") durch Latschen zur Gasse zwischen Roß- und Buchstein und mit Kehren zur **Tegernseer Hütte** (1650 m, DAV-Sektion Tegernsee, bewirtschaftet von Mitte Mai bis Mitte Oktober, 30 Schlafplätze, Tel. 0161/1836381).

Anspruchsvollere Variante:
Von den Roßsteinalmhütten wie auf Seite 87 beschrieben südwärts, dann jedoch dem vom Sonnbergalm-Hochleger herüberführenden Steig folgen und auf ihm zum „Brotzeitstein", einem markanten, einzeln stehenden Felsblock südseitig unterhalb des Roßsteins. Dort links ab und auf blockigem Steig (rechts wird überraschend der Blick zur kecken, nur mit Kletterei (III) zugänglichen Roßsteinnadel frei) zu Drahtseilsicherungen, die etwas ausgesetzt an glattgetretenem Gestein über eine Schrofenwand emporführen. Zuletzt leitet der Pfad nahezu eben hinüber zur herrlich gelegenen Tegernseer Hütte.

Die Roßsteinnadel von Westen.

Gipfeltouren

5 Seekarkreuz (1601 m)

Aufstiegszeit: *Knapp 1/2 Std.*
Anforderung: *Vollkommen unschwierig. (Siehe Seite 84.)*

6 Spitzkamp (1604 m), Auerkamp (1607 m) und Ochsenkamp (1594 m)

Dauer: *Etwa 3 1/2 Std.*
Anforderung: *Teilweise markiert. Für an gesicherten Steigen geübte, größere Kinder ab etwa 10 Jahren durchaus geeignet.*

Die Kampen (ganz oben) vom Roßstein.

Die Kampen-Überschreitung ist ein echter Vorberge-Klassiker. Doch ist's wegen „Gegenverkehrs“ ratsam, frühzeitig zu starten.

Von der Rauhalmhütte in den Sattel zwischen dem Seekarkreuz und dem bewaldeten Brandkopf. Auf Fahrweg nordseitig um ihn herum in die Einsattelung vor dem Spitzkamp. Steil und schrofig (Drahtseil) auf diesen. Jetzt dem markierten Kammweg teils durch Latschen, teils im freien Gelände über den Auerkamp hinweg bis zur Einmündung des vom Hirschtalsattel heraufkommenden Steiges folgen. In wenigen Minuten nordöstlich auf den Ochsenkamp. (Etwa 2 Std.)
Abstieg: Zurück zur erwähnten Steig-Einmündung und auf diesem Steig nach rechts (Nordwesten) abwärts. Durch Latschen, Baumbestand und an bizarren, kleinen Felsnadeln vorbei in den Hirschtalsattel (1224 m, 1/2 Std.). Von dort wie auf Seite 84 beschrieben zurück zur Rauhalmhütte.

7 Schönberg (1620 m)

Aufstiegszeit: *1 Std.*
Anforderung: *An einer Passage ist Trittsicherheit kein Luxus. Für Kinder ab etwa 8 Jahren geeignet.*
Mehr als das Seekarkreuz fällt die Wiesenkuppe des Schönbergs bereits aus dem Isartal auf. Er ist sowohl als Bergwander- als auch als Skitourenziel beliebt.

Wie auf Seite 87 beschrieben in den Mariaecksattel (1469 m). Von dort südlich auf einen Rücken und zu einer Gruppe von Felstürmchen, -wandln und -zacken, an denen sich der kleine Steig vorbeiwindet. Danach wird über einen grasigen Rücken der höchste Punkt und nach rechts das Gipfelkreuz erreicht.

Abstieg: Auf der gleichen Route. Oder von Mariaeck westseitig auf markiertem Weg nach Mühlbach und nach Hohenburg. 2 Std. vom Gipfel.

8 Roßstein (1698 m)

Aufstiegszeit: *Wenige Minuten ab Tegernseer Hütte.*
Anforderung: *Schrofiger Steig. Für berggewohnte Kinder ab etwa 8 Jahren bei entsprechender Achtsamkeit der Eltern geeignet.*
Der Roßstein ist der Wandergipfel des Brüderpaars. Besonders gen Westen bietet er herrliche Ausblicke, die vom Wetterstein und von den Ammergauer Alpen dominiert werden.

9 **Buchstein (1701 m)**
Aufstiegszeit: *1/4 Std. von der Tegernseer Hütte.*
Anforderung: *Leichte Kletterei.*
II (auf Grund des durch die allzu vielen Begehungen äußerst glatten Gesteins). Bei Nässe sehr gefährlich!
Wer wollte nicht auch auf den „Kraxelgipfel". Eben deshalb ist sein Normalweg so fürchterlich abgespeckt.

Unmittelbar östlich der Tegernseer Hütte über Schrofen in die Felsrinne und den überdeutlichen Kletterspuren erst etwas linkshaltend folgen, dann nach rechts queren und am besten am rechten Rinnenrand aufwärts. Etwas weiter oben mehr in Rinnenmitte hinauf und in flacheres Gelände. Man folgt einem Steig und erreicht über eine kurze Felsstufe und durch Latschen den Gipfelkamm.
Abstieg: Mit größter Vorsicht nur auf der Anstiegsroute.

Kleiner Felsgipfel an der Aufstiegsroute zum Schönberg. Kleines Bild: Anstieg aus dem Rauhalmkessel.

Skitouren

Die kleinen Skitouren im Gebiet des Rauhalmkessels sind auf Grund ihrer besonders an den freien Hängen gegebenen Steilheit nicht zu unterschätzen. Neben den in der Folge beschriebenen Skitouren sei natürlich auch auf die Haushänge der Rauhalmhütte hingewiesen.

10 **Schönberg (1620 m)**
Aufstiegszeit: *Etwa 1 Std.*
Von der Rauhalmhütte in südlicher Richtung über freie Hänge und durch Wald auf einen Rücken (schöner Blick zu Roß- und Buchstein) und leicht rechtshaltend in den Mariaecksattel (1469 m). Südwärts weiter, dann etwas mühsam durch die auf Seite 89 erwähnten

Wandl'n und Zacken und ohne Schwierigkeiten zum höchsten Punkt des Schönbergs. Rechts hinüber zum Kreuz. **Abfahrt:** Westlich am Kamm abwärts und in gleicher Richtung durch lichten Baumbestand weiter. Dann rechts (nordwestlich) über einen steilen Hang hinunter und durch Mulden in den Wald. Vom Waldrand etwa 1/2 Std. Gegenanstieg in Ostrichtung nach Mariaeck und Abfahrt zur Rauhalmhütte. Oder **Talabfahrt:** Im Wald zunächst ohne Schwierigkeiten, später steil und eng (kurze Schwünge notwendig) oberhalb eines Bachbetts hinab. Nach technisch nicht ganz einfach zu befahrenden Waldpassagen läuft die Abfahrt in einem flachen Wiesenhang aus und endet unmittelbar in Fleck (692 m). Von dort über Holz und Mühlbach in 3/4 Std. zu Fuß nach Hohenburg.

11 Schönberg (1620 m) und Hochplatte (1592 m)

Aufstiegszeit: *Etwa 1 3/4 Std.*
Von der Rauhalmhütte wie vorher beschrieben zum Schönberg.
Abfahrt vom Schönberg und Aufstieg zur Hochplatte: Vom höchsten Punkt (nicht vom Gipfelkreuz!) wenige Meter über den Südostrücken, dann steil an der Ostflanke zur Amperthalalm abfahren. Der Almstraße folgend Gegenanstieg in den Sattel zwischen Plattel (1504 m) und Hochplatte und über den Westrücken auf diese.
Abfahrt von der Hochplatte: Vom höchsten Punkt sofort sehr steil nördlich abwärts, bis man nach rechts in die steile Nordflanke einfahren kann. Über sie, bald flacher, hinunter. Zuletzt wieder steil zu einer Lichtung („Hochböden"). Dort hält man sich nordöstlich und gelangt auf die auf Seite 86 erwähnte, breite Forststraße. Nun wie dort beschrieben zur Rauhalmhütte. Oder ins Schwarzenbachtal hinunter und über die Schwarzentennalm hinaus nach Klamm (siehe Seite 86).

10 Albert-Link-Hütte (1000 m)

Anstelle des schönen Schutzhauses stand früher die bereits 1739 erbaute Valeppalm. Sie ist 1929 von der Sektion München erworben und mit 52 Lagern ausgestattet worden. 1939 wurde die alte Almhütte abgerissen, und im November 1940 konnte das neue Haus eingeweiht werden. Es trägt den Namen des 1944 verstorbenen Dekorationsmalermeisters und Gründers der Skiabteilung der Sektion München.

Die Lage der Albert-Link-Hütte ermöglicht Touren sowohl im Rotwand- als auch im Stolzenberg-/Brecherspitzgebiet; ja, selbst der Schinder „geht" von dieser Talhütte aus. Im Winter ist sie mit Umkleideraum und Schließfächern für Ausrüstung und Kleidung Stützpunkt für die Langlaufloipe, die unmittelbar am Haus vorbeiführt (Langlaufzentrum des Marktes Schliersee). Mit Hilfe des nahegelegenen Schleppliftes hat man Anschluss an das Stümpfling-/Lyra-Skigebiet.

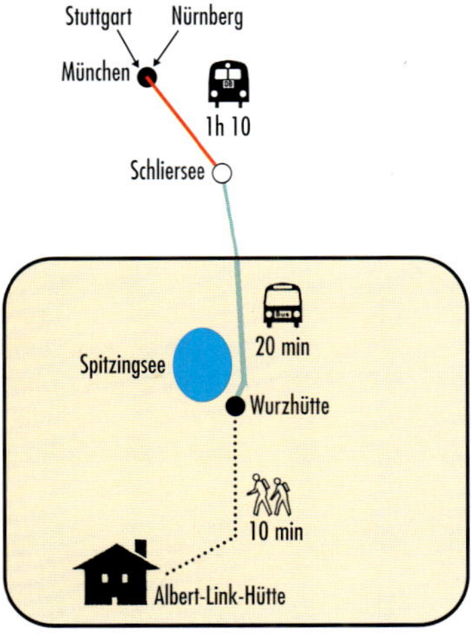

Zugang:

1 Von Spitzingsee über die Alte Wurzhütte

Dauer: *10 Min., Talwanderung.*
Die Alte Wurzhütte (Gasthaus) steht am Südrand des Hoteldörfchens Spitzingsee, gegenüber der Schranke. Ab Schranke folgt man dem nach Valepp führenden Sträßchen, bis man rechts den Steinbau der Albert-Link-Hütte sieht. (Fahrwegabzweig)
Hierher natürlich auch mit dem Mountainbike. Eine ideale MB-Strecke und Hüttenzufahrt ist die Mautstraße Enterrottach – Monialm – Valepp; Straßenabzweig in Richtung Spitzingsee 1 1/2 km vor Valepp (siehe auch Seite 101).

Übergang:

(2) Von der Albert-Link-Hütte über das Forsthaus Valepp (872 m) zur Erzherzog-Johann-Klause (824 m)

Dauer: *Etwa 3 1/2 Std.*

Anforderung: *Markiert. Trittsicherheit erforderlich. Für Kinder ab etwa 8 Jahren bei entsprechender Umsicht der erwachsenen Begleiter geeignet. Von Valepp zurück zur Albert-Link-Hütte evtl. per Bus; verkehrt von Mai bis Oktober (siehe auch Seite 101).*

Diese beliebte Talwanderung ist besonders in ihrem zweiten Abschnitt, da man oberhalb der Brandenberger Ache geht, landschaftlich grandios.

Von der Hütte auf dem am westlichen Talrand verlaufenden Fußweg (Trasse der ehemaligen Holztransportbahn Schliersee – Valepp) zum **Blecksteinhaus** (1060 m, DAV-Sektion Männerturnverein München, ganzjährig bewirtschaftet, Dienstag Ruhetag, Anfang November bis Mitte Dezember geschlossen, 44 Schlafplätze, bei Zimmerbestellung Anruf erbeten, Tel. 0 80 26/7 12 04). Weiter auf dem nach Süden verlaufenden Weg entlang der Roten Valepp bis zum **Forsthaus Valepp** (872 m, privat, ganzjährig bewirtschaftet, von Anfang November bis Weihnachten geschlossen, 15 Schlafplätze, Tel. 0 80 26/7 12 81), 1 1/2 Std.

Nun in Südrichtung entweder der Forststraße folgen oder (schöner) auf dem Wanderweg über die Kapelle hinauf, wobei man etwas hinter der Ochsenalm ebenfalls wieder auf die

Forststraße trifft. Man folgt ihr süd-, dann westwärts empor (reger Mountainbike-Verkehr; die Forststraßenabzweigung zum Elendsattel bleibt links), bis rechterhand (Ww.) der Wanderweg zu Erzherzog-Johann-Klause abbiegt. Er bietet zunächst nichts Besonderes, führt jedoch bald schmal (erste Drahtseile) und aussichtsreich (toller Tiefblick in die Schlucht der Brandenberger Ache) am steilen berghang entlang. Allmählich geht's abwärts zum Wildfluss. Um einige Ecken herum (an exponierten Stellen Sicherungen) und zuletzt auf felsigem Pfad (Vorsicht: rechts Steilhang) hinunter zur glasklaren Ache. Eine Weile prächtig direkt am Ostufer entlang. Dann über eine Brücke (809 m) und jenseits auf schönem Waldweg oberhalb des Wassers, ganz zum Schluss ins freie Gelände mit der **Erzherzog-Johann-Klause** (824 m, privat, ganzjährig bewirtschaftet, 10 Schlafplätze, Tel. 00 43-06 63/5 83 36) samt Kapelle.

Gipfeltouren

3 **Stolzenberg (1609 m)**
Aufstiegszeit: *1 3/4 bzw. 2 Std.*
Anforderung: *Markiert. Für den Gipfelbereich ist Trittsicherheit erforderlich. Kinder ab etwa 10 Jahren können, bei entsprechender Umsicht der Eltern, auf diese Tour mitgenommen werden.*
Der bis oben hin bewaldete Stolzenberg ist der Hausberg der Albert-Link-Hütte. Vom Gipfel aus genießt man

10 Albert-Link-Hütte

Allgemein zugängliche, ganzjährig bewirtschaftete Hütte mit nur für DAV-Mitglieder nutzbarem Gruppenraum

Talort: Spitzingsee (1085 m).
Anfahrt: Nächstgelegene Bahnstation ist Schliersee. Von dort führt eine Buslinie nach Spitzingsee. Mit dem Kfz fährt man ab Ausfahrt Weyarn oder Irschenberg der A 8 (München – Salzburg) nach Miesbach und auf der B 307 über Hausham, Schliersee und Fischhausen-Neuhaus zur Abzweigung der Spitzingstraße. Auf dieser über den Spitzingsattel nach Spitzingsee. Großer Parkplatz (gebührenpflichtig) bei der Kirche.
Telefon Hütte: 0 80 26/712 64.
Fax Hütte: 0 80 26/78 25 95.
Bewirtschaftet: ganzjährig; evtl. Urlaubszeiten abfragen.
Schlafplätze: 66.
Raumaufteilung: fünf Zimmerlager mit 4, 5 und 6 Lagern, vier Zimmer mit jeweils 2 Betten, Matratzenlager
Gruppenraum: für 16 Personen; 220-V-Stromanschluss. Reservierung über den Hüttenpächter.
Sanitäre Einrichtungen: Waschräume für Damen und Herren mit Münzduschen, WC. Zweibettzimmer mit Waschbecken. Umkleideraum für Skifahrer/Langläufer.
Eignung für Familien: Die Albert-Link-Hütte mit ihrer ausgesprochen kinderfreundlichen Umgebung (Wiesen, Bach) eignet sich für Familienaufenthalte hervorragend.
Karte: Topogr. Karte Mangfallgebirge, 1:50000

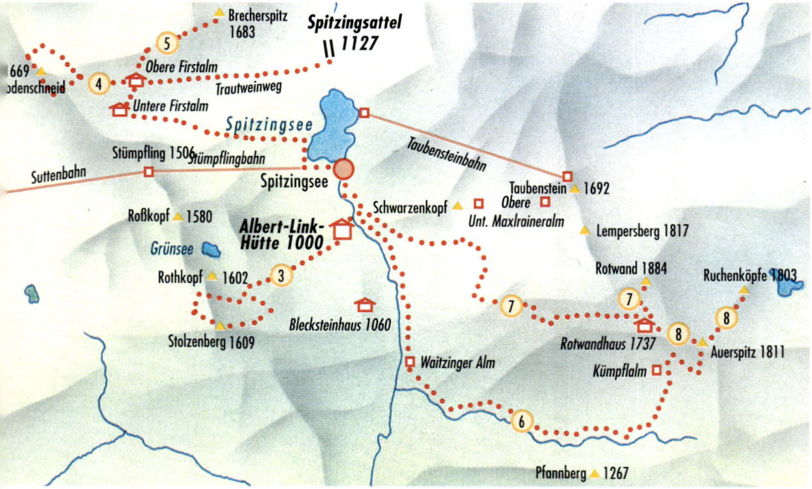

den besten Einblick ins Schinderkar (siehe Seite 102).

Von der Albert-Link-Hütte auf der Straße südwestlich bis an den Bergfuß und dem Almsträßchen bis zur Unteren Haushamer Alm (etwa 1300 m) folgen. Ab dort zwei Möglichkeiten:

a) Links an der Alm vorbei in den Wald, danach über einen steilen Grashang in felsiges Gelände. Westlich über die Schrofen zum höchsten Punkt.

b) Unterhalb der Almhütten nicht links zu diesen hinauf-, sondern kurz auf dem zur Grünseealm führenden Fahrweg weitergehen, bis nach links ein Steig abzweigt. Er führt über Wiesen in den Wald (bei Nässe rutschig) und in Westrichtung auf den Kamm, den man zwischen Rothkopf (1602 m) und Stolzenberg erreicht. Nun südlich zum Grat und über ihn östlich auf den Stolzenberggipfel.

4 Bodenschneid (1669 m)

Aufstiegszeit: *Etwa 2 1/4 Std.*
Anforderung: *Überwiegend markiert. Problemlose Bergwanderung, Trittsicherheit kann dennoch nichts schaden. Für Kinder ab etwa 8 Jahren geeignet.*

Die Bodenschneid gehört zu den klassischen, überaus beliebten „Münchner Hausbergen“. Ein schöner Aussichtsgipfel!

Von der Albert-Link- zur Wurzhütte und links auf der Straße bis knapp

Bodenschneid-Gipfel.

vor die Talstation der Stümpflingbahn. Auf Fahrweg nördlich zum Münchner Haus und in Westrichtung über die Almstraße zur **Unteren Firstalm** (1318 m, Berggasthaus). Rechts hinauf zur **Oberen Firstalm** (1375 m, privat, 60 Schlafplätze, ganzjährig bewirtschaftet, im Frühjahr und im Herbst jeweils zwei Wochen geschlossen, Tel. 0 80 26/73 02). Knapp 1 1/2 Std. (Hierher auch vom Spitzingsattel in 1 Std. über den Trautwein-Weg.) Unmittelbar nördlich des Gasthauses Wegteilung. Wir wählen den nach links (Westen) führenden Steig, der durch lichten Wald zum Sattel zwischen Krettenburg (1494 m) und Bodenschneid führt. Von dort westlich hinauf zur Schneid und über sie in Nordwestrichtung zum großen Gipfelkreuz.

Abstieg: Entweder auf der Anstiegsroute. Oder kurz in Nordwestrichtung abwärts und rechts in Kehren an steilem Hang gegen das Bodenschneidhaus hinunter. Bei der letzten Kehre vor der Hütte zweigt nach rechts (östlich) ein Steig ab, der am grasigen Bodenschneid-Nordosthang entlang wieder in den Sattel zwischen Bodenschneid und Krettenburg leitet. Von dort zur Oberen Firstalm zurück. Etwa 50 Min. bis dorthin.

5 Brecherspitz (1683 m)

Aufstiegszeit: *Etwa 2 1/2 Std.*
Anforderung: *Markiert. Am Gipfelgrat sind Trittsicherheit und Schwindelfreiheit erforderlich. Für berggeübte Kinder ab etwa 10 Jahren machbar.*

Der Schliersee mit dem Brecherspitz als Hintergrund, das steht für ein oberbayerisches Markenzeichen. Zwar ist der Nordanstieg über die Ankelalm schöner als der beschriebene Weg, dafür gibt dieser bergsteigerisch etwas mehr her.

Wie auf Seite 96 beschrieben zur Oberen Firstalm. Knapp 1 1/2 Std. Dort (bez.) nordwärts, nach etwa 100 m rechts ab (bez.) und nahe des Skilifts auf Steig steil hinauf zum Kamm. Man folgt ihm nach rechts (östlich) und gelangt bald zu einer kurzen, drahtseilgesicherten Abstiegsstelle. Rechts der Grathöhe weiter. Wo sich der Grat zu einer Schneid zusammenschnürt, befinden sich Drahtseilsicherungen. Zuletzt am Westsüdwestkamm den Markierungen folgend zum Gipfelkreuz.

Abstieg: Auf der gleichen Route. Gut 1 1/2 Std.

6 Auerspitz (1811 m)

Aufstiegszeit: *Gut 3 Std.*
Anforderung: *Weitgehend markiert. Problemlose Bergwanderung. Für Kinder ab etwa 8 Jahren geeignet.*

Der Auerspitz ist der südöstliche Nachbargipfel der Rotwand und wird natürlich weitaus weniger als diese besucht. Der hier beschriebene Anstieg hat jedoch durchaus seinen Reiz.

Von der Albert-Link-Hütte auf der nach Valepp führenden Straße südwärts, bis nach gut 2 km – kurz vor der Waitzingeralm – links ein Fahrweg abzweigt, der in den Pfanngraben leitet. Eine Wegabzweigung nach links bleibt unbeachtet, ebenso die darauffolgende nach rechts. Man geht immer nördlich oberhalb des Baches taleinwärts. Nach einer Hütte wird der Fahrweg schmaler. Von seinem Ende auf einem Steig weiter. Nach einiger Zeit mündet der Weg vom Elendsattel herauf ein. Durch lichten Baumbestand, dann über schönes, freies, kupiertes Gelände bis vor die Kümpflalm, die man auf einem Wiesensteig erreicht.

Östlich neben der Kümpflalm verzweigt sich der Weg. Am besten wählt man den rechts abzweigenden Steig und folgt ihm noch eine Weile, bis ein kleiner Steig nach rechts ableitet, der – zuletzt sind es eher Steigspuren – zu einem Vermessungszeichen am Auerspitz-Südgrat hinführt. Von dort auf einem Steiglein durch Latschen zum höchsten Punkt.

Abstieg: Auf der Anstiegsroute. Oder nordwestlich und westlich abwärts (oft nass und sehr rutschig) zur Kümpflscharte. Aus ihr südlich zur Kümpflalm und damit wieder zum Aufstiegsweg. Jeweils etwa 2 Std.

Das Rotwandhaus mit seinem Windrad.

7 Rotwand (1884 m)

Aufstiegszeit: *Etwa 3 1/2 Std.*
Anforderung: *Markiert. Einfache Bergwanderung. Für Kinder ab etwa 8 Jahren geeignet.*

Von der Kümpflscharte ist's ja nur noch ein „Katzensprung“ zum Höchsten der gleichnamigen Gruppe, der zu den bekanntesten Bergen der Bayerischen Voralpen zählt.

Wie oben beschrieben in die Kümpflscharte. Von dort in wenigen Minuten links (westlich) hinauf zum **Rotwandhaus** (1737 m, DAV-Sektion Turner-Alpenkränzchen München, ganzjährig bewirtschaftet, von November bis Mitte Dezember geschlossen, 126 Schlafplätze, Tel. 0 80 26/76 83) mit seinem Windrad. Vom Haus auf gutem Steig über den grasigen Südhang zum Gipfelkreuz. 40 Min. ab Kümpflscharte.

Abstieg: Entweder auf der Anstiegsroute. Etwa 2 1/2 Std. Oder ab Rotwandhaus auf dem alten, klassischen Weg über Wildfeldalm und Bergwachthütte und zuletzt durch den „Saugraben“ (der ja unser Hütten-Haushang ist, siehe auch Seite 103) abwärts zur Albert-Link-Hütte.
Etwa 1 3/4 Std. (Auch lohnender Aufstieg.)

8 Ruchenköpfe, 1805 m

Dauer: *1 bis 1 1/2 Std. vom Einstieg.*

Anforderung: *Abwechslungsreiche, teils ausgesetzte Grat- und Wandkletterei mit originellen Passagen. Fester Fels, durch zahlreiche Begehungen jedoch sehr abgegriffen.*
III (eine kurze Stelle sowie 5 m an der Gipfelwand), sonst II und I. DAV-Sicherheitshaken an den Standplätzen. Auch einige Normalhaken stecken, ansonsten gibt es gute Sicherungsmöglichkeiten an Zacken und Köpfln. Kletterlänge gut 200 m.

Am Westgrat der Ruchenköpfe.

Der Westgrat der Ruchenköpfe ist als klassischer Anstieg für Kletterneulinge berühmt geworden. Er stellt – was den blanken Schwierigkeitsgrad betrifft – die anspruchsvollste Tour in diesem Führer dar. Trotzdem ist sie weniger ernst als der Jubiläumsgrat (Seite 21), der Kleine Waxenstein (Seite 49) oder die Watzmann-Überschreitung (Seite 150).

Vom Auersattel nordseitig unterhalb des Auerspitz über den waagrechten Kamm direkt auf die Ruchenköpfe zugehen. Man erreicht einen großen, würfelförmigen Block, den „Brotzeitfelsen“. Von dort auf ausgetretenem Steiglein durch Latschen empor und links zu einer steilen Blockverschneidung. Durch sie (12 m, II, eine Stelle III) zum Standhaken. Rechts queren und auf den

DAV-Sektion München
Service-Stelle
Bayerstraße 21/V
D-80335 München

Telefon 0 89/55 17 00-0
Telefax 0 89/55 17 00-99

Öffnungszeiten:
Mo, Di, Mi, Fr 10.00 - 18.00 Uhr
Do 10.00 - 20.00 Uhr

service@alpenverein-muenchen.de
www.alpenverein-muenchen-oberland.de

Grat. Über ihn luftig abwärts in die Scharte vor dem nächsten Aufschwung. (Hierher gelangt man auch, indem man unterhalb der Verschneidung dem ausgetretenen Steiglein weiter nach rechts folgt; einfacher, kürzer, aber weniger schön.)

Gerade empor auf einen Absatz (Sicherungsblock). Etwas brüchig in eine schmale Scharte und auf die Südostseite. Über einen Block und rechts an griffigen Schrofen zum Grat. Den deutlichen Kletterspuren folgend an der Nordwestseite etwas abwärts und knapp unterhalb des Grates, teilweise auch direkt über ihn, bis zu einer Unterbrechung. Rechts durch eine Rinne hinab, dann links über eine Kluft hinwegspreizend wieder auf die Nordwestseite. Einige Meter nach links, dann an griffigem Fels nahe des Wandwinkels empor zum Standhaken am Grat.

Nun ausgesetzter Quergang an guten Tritten nach rechts (Haken) und leichter noch einige Meter auf das Südwandband (Standhaken). Links auf Steigspuren (Gehgelände) zum Beginn des glatten Kamins in der Gipfelwand. Durch ihn über Klemmblöcke 5 m empor in eine nach Süden offene Nische. Aus ihr rechts durch einen glatten Schluf („Briefkastl"; man schiebt sich am besten auf dem Rücken hinauf) zum bequemen Absatz am Fuß des 10-Meter-Wandls. Über dieses hinauf und links ums Eck („Weiberschreck") auf ein Band. Es führt nach links zu einer kurzen, steilen Rinne, durch die man den Ausstieg erreicht.

Abstieg: Entweder – als Trainingseinheit – wieder über den Westgrat (keine Abseilmöglichkeit an der Westgrat-Gipfelwand). Oder dem Gipfelgrat kurz in Nordostrichtung folgen und auf deutlichen Steigspuren in die „Schnittlauchrinne". Durch sie (wenn Schnee liegt, gut aufpassen!) und danach den Steigspuren folgend abwärts (lehmig; bei Nässe sehr rutschig). Das Steiglein leitet oberhalb der Bergwachthütte rechts unter die Südwand und, teilweise an- und wieder absteigend, zurück zum „Brotzeitfelsen". Jeweils etwa 3/4 Std. vom Gipfel.

i

Alpine Wetterberichte

Alpenvereinswetterbericht (Ostalpen)
Ansagedienst des Deutschen Alpenvereins
Telefon 089/295070

Alpenwetterbericht in Österreich (gleicher Text)
nur in Österreich unter „Euromet-Alpin" (erhöhte Gebühr)
Telefon 0900/911566-80

Persönliche Wetterberatung
Mitte Februar bis Mitte Mai sowie Mitte Juni bis Mitte September täglich von 13.00 bis 18.00 Uhr
Telefon 0043-512/291600

9 Österreichischer (1808 m) und Bayerischer (1790 m) Schinder

Aufstiegszeit: *Knapp 4 1/2 Std.*
Anforderung: *Markiert. Über die Trausnitzalm problemlos und auch für ausdauernde Kinder ab 10/12 Jahren zu machen. Der Abstieg ins Schinderkar fordert Trittsicherheit und an einer Stelle auch etwas Klettergewandtheit.*

Trausnitzalm mit Rotwand.

Vom Parkplatz an der Vereinigung der vom Spitzingsee und der von Enterrottach nach Valepp führenden Straße (dorthin von der Albert-Link-Hütte zu Fuß knapp 1 1/2 Std., siehe Seite 94; von Mai bis Oktober Busverbindung, Haltestelle beim auf Seite 93 erwähnten Fahrwegabzweig) geht man etwa 150 Meter in Richtung Enterrottach und auf einer Brücke über die Weiße Valepp. Kurz der Forststraße folgen, bis nach links der bezeichnete Steig zum Schinder abzweigt. Durch schönen Mischwald in Südrichtung oberhalb der Valepp bequem aufwärts, dann westlich in einen Bachgraben, den man quert. Bald darauf folgt eine mit Drahtseil gesicherte, plattige, jedoch nur mäßig steile Felsquerung. Man gelangt auf eine Forstraße, folgt ihr kurz nach rechts bis zur deutlich markierten Fortsetzung des Steiges und quert sie weiter oben noch einmal. Durch Wald zur **Trausnitzalm** (etwa 1420 m, während der Weidezeit Brotzeit erhältlich).

Südlich zur Einmündung des von der Erzherzog-Johann-Klause heraufführenden Weges. Dann leitet der

Steig im freien Gelände auf den vom Schinder südöstlich herabziehenden Rücken. Über ihn, zuletzt durch eine steile Latschengasse, auf den Gipfelgrat und links zum Kreuz. Knapp 3 Std.

Abstieg: Entweder auf dem Anstiegsweg. Knapp 2 Std. bis zum Parkplatz.

Oder vom Gipfel auf dem Kamm in Westrichtung auf und ab, bis ein roter Pfeil nach links abwärts weist. In einer schrofigen, durch Latschen führenden, dann felsigen, steilen Rinne im freien Gelände (Sicherungen) südseitig hinunter. Danach westlich ins Schindertor zwischen Österreichischem und Bayerischem Schinder.

(Ab Schindertor führt in Westrichtung ein kleiner, steiler, zuletzt nahezu von den Latschen zugewachsener Steig in 20 Min. auf den Gipfel des **Bayerischen Schinders,** 1790 m.)

Vom Schindertor nördlich den Sicherungen und roten Markierungen folgend abwärts. Längs eines Drahtseils zu einem Felsenfenster und über ein fast senkrechtes Wandl (drei Eisenstifte, Kletterseile mit Handschlaufen) auf das steile Geröll. Zuerst direkt in einer Rinne hinunter, dann den Pfadspuren folgend abwärts in die Latschenzone. Ab dem Karboden prägt sich ein Steig aus. Nach einer „hohlen Gasse" weist eine rote Markierung nach rechts („Parkplatz Valepp"). Auf Pfad durch Wald zu einer Forstdiensthütte. Von dort der Forststraße folgend zurück zum Parkplatz. Etwa 2 1/4 Std.

Skitouren

Stolzenberg, Rotwandreib'n, Schinderkar: das sind die von der Albert-Link-Hütte aus möglichen, lohnenden Skitouren. Lawinensichere Verhältnisse verlangen alle drei. Am Stolzenberg und vor allem im Schinderkar ist zudem gutes skifahrerisches Können notwendig.

Rotwandreib'n: Aufstieg zum Miesingsattel. Kleines Bild: Taubensteinhaus und Miesing.

10 Stolzenberg (1609 m)

Aufstiegszeit: *Etwa 2 Std.*
Wie auf Seite 95 beschrieben zur Unteren Haushamer Alm. Zwischen den Almhütten durch und zum Wald. Durch eine Lücke im Zaun und bis zu Felsabbrüchen ansteigen, die links umgangen werden. Dann an der Ostflanke zum schrofendurchsetzten Gipfelkamm empor.
Abfahrt: Bis zur Unteren Haushamer Alm entlang der Aufstiegsspur. Ab der Alm rechtshaltend und südlich eines Bachbetts durch eine Waldschneise zu den freien Wiesen bei der Albert-Link-Hütte.

11 Rotwandreib'n

Dauer: *Etwa 5 Std.*
Von der Albert-Link-Hütte östlich über den freien, nach oben hin steiler werdenden Hang („Saugraben") zur Wirtschaftsstraße, die von Spitzingsee heraufführt. Man folgt ihr nach rechts bis zur Bergwachthütte. Dahinter (Brückerl) verläßt man die Straße nach rechts und steigt auf dem alten Rotwandweg (sanierter Almweg) zur Wildfeldalm. Von dort erreicht man

nach kurzem Aufstieg eine Schulter. Ausblick zum Rotwandhaus. Nun links und die Südhänge unterhalb der Rotwand querend dorthin (siehe Seite 98). Gut 2 Std.
Kurze, steile Abfahrt nach Osten und am freien Hang Gegenanstieg zum Auersattel westlich unterhalb des Auerspitz. Gegenüber ragen die schroff-felsigen Ruchenköpfe auf. 25 Min.

Jetzt nordseitig über den schönen Hang (früher als „Parsennhang" bekannt) zur Großtiefenthalalm hinunterfahren. Von dort westlich Gegenanstieg in den Tiefenthalsattel (1705 m; von den Einheimischen allemal Miesingsattel genannt). Knapp 1 Std.

Vom Sattel kurze Abfahrt zur Kleintiefenthalalm und ansteigende Querung gen Nordwesten zum **Taubensteinhaus** (1567 m, DAV-Sektion Bergbund München, ganzjährig bewirtschaftet, vom 5. November bis zum 10. Dezember geschlossen, 58 Schlafplätze, Tel. 0 80 26/70 70). 25 Min. Jetzt in Westrichtung rasch zum Taubensteinsattel (1590 m; knapp darüber steht die Bergstation der Taubensteinbahn, 1613 m). Ab hier entweder über die Pisten des Oberen und des Unteren Lochgrabens abfahren. Oder – fast günstiger, wenn man zur Albert-Link-Hütte zurückmöchte – ab Taubensteinbahn-Bergstation südwestlich hinunter zur Oberen Maxlraineralm und über die „Telegrafenhangpiste" zum eingangs erwähnten Wirtschaftsweg, den man nahe der Unteren Maxlraineralm erreicht. Auf

Blick vom Aufstieg zum Rotwandhaus ins Schinderkar; rechts die Blauberge.

ihm an der Bergwachthütte vorbei abwärts, bis man in den „Saugraben" einfahren kann. Er bringt die rassige Schlussabfahrt.
Selbstverständlich lassen sich die Gipfel **Rotwand** (1884 m, Aufstieg vom und Abfahrt zum Rotwandhaus; insgesamt plus 40 Min.) und **Miesing** (1883 m, Aufstieg vom Tiefenthal-/Miesingsattel,

Anforderung: *Hohe Schneelage erforderlich. Eher Frühjahrs(Firn)skitour.*

Vom auf Seite 101 erwähnten Parkplatz geht man gut 1 km in Westrichtung (Richtung Monialm), bis bei einer Bushaltestelle links der Fahrweg zur Schlagalm abzweigt. Zu dieser, dann im freien Gelände und durch Wald zum sogenannten Ahornboden. Weiter in Südwestrichtung an den großen Hang heran und über ihn, zuletzt immer steiler und schmaler, ins Schindertor. Dort Skidepot. Der Gipfel des Österreichischen Schinders (1808 m) lässt sich über die auf Seite 102 für den Abstieg beschriebene Route bei guten – sprich schneefreien – Verhältnissen in knapp 1/2 Std. erreichen.

Abfahrt: Nur auf der Anstiegsroute. Das oberste Stück ist nur mittels Umsprungschwüngen oder mit Seitabrutschen zu bewältigen.

Abfahrt westseitig durch die Miesingrinne zur Kleintiefenthalalm; insgesamt plus 50 Min.) in die Reib'n mit einbeziehen.

12 Schinderkar

Aufstiegszeit: *Ab Ausgangspunkt im Tal der Weißen Valepp: Etwa 2 1/2 Std.*

11 Schönfeldhütte

Allgemein zugängliche, bewirtschaftete Hütte mit nur für DAV-Mitglieder nutzbarem Selbstversorgerraum

Talort: Spitzingsee (1085 m).
Anfahrt: siehe Seite 95.
Telefon/Fax Hütte: 08026/7496.
Bewirtschaftet: ganzjährig; evtl. Urlaubszeiten abfragen.
Schlafplätze: 37 (plus 2 Notlager).
Raumaufteilung: Groß- und Zimmerlager.
Selbstversorgerraum: für 16 Personen; 220-V-Stromanschluss. Reservierung über die Service-Stelle der Sektion München (siehe Seite 99).
Sanitäre Einrichtungen: ein Damen- sowie ein Herrenwaschraum mit Münzdusche, WC.
Eignung für Familien: Auf Grund ihrer Lage im lieblichen Almgelände und auch wegen ihrer bequemen Zugänglichkeit ist die Schönfeldhütte ideal für Familienaufenthalte geeignet. Kinder finden in der unmittelbaren Hüttenumgebung garantiert ihre Abenteuerspielplätze.
Gepäcktransport: bei größeren Gruppen auf Anfrage durch den Hüttenpächter.

11 Schönfeldhütte (1410 m)

Im Jahr 1929 erwarb die Sektion München die Schönfeldalmhütte auf der Unteren Schönfeldalm, die von den Wilden Fräulein, von Jägerkamp, Benzing- und Aiplspitz sowie vom Rauhkopf umrahmt wird. Nachdem die Hütte einen wesentlich besseren Bauzustand als die Valeppalm (Albert-Link-Hütte; s. d.) aufwies, kam ein Neubau zunächst nicht in Frage. Kurz vor Weihnachten 1947 aber wurde sie durch eine Grundlawine schwer beschädigt und um zwei Meter nach Süden verschoben. Der dadurch zwingend notwendige Neubau ist 1948 beschlossen worden, und 1950 konnte die Schönfeldhütte – sie steht

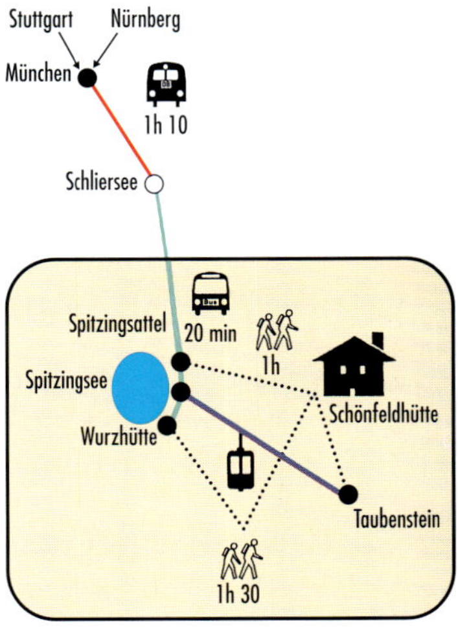

außerhalb der damaligen Lawinenbahn – eingeweiht werden. Sein heutiges Aussehen verdankt das schmucke Haus einem Erweiterungsbau aus dem Jahr 1967.

Tourenmöglichkeiten gibt es von der Schönfeldhütte aus etliche: zum einen die auf Seite 106 erwähnten Gipfel, zum anderen stehen die Berge der zentralen Rotwandgruppe wie der Miesing oder die Rotwand selber recht nah.

Im Winter locken Jägerkamp und Aiplspitz, vor allem aber die Rotwandreib'n als Skitourenmöglichkeiten. Zudem steht die Schönfeldhütte sozusagen am Rand der beliebten Lochgraben-Pisten und nur einen „Steinwurf" weit vom Rauhkopf-Schlepplift (rassige Piste!) entfernt.

Zugänge

1 Von der Taubenstein-bahn-Bergstation (1613 m)

Dauer: *Knapp 1/2 Std.*

Abstieg mit kurzem Gegenanstieg.

Die Talstation mit großem Parkplatz befindet sich in Spitzingsee nördlich des Dorfes und des Tunnels.

Von der Bergstation (1613 m) die paar Schritte zum Taubensteinsattel (1590 m) hinunter und in Westnordwestrichtung über den am Nordrand des Oberen Lochgrabens verlaufenden Wanderweg so lange abwärts, bis man auf die von der Wurzhütte heraufführende Almstraße trifft. Auf ihr rechts (nördlich) gehen. Hinter einer Hütte zweigt nach links der Fahrweg zur Schönfeldhütte ab, die rasch errreicht wird. **(Auch Winterzugang – mit schöner Skiabfahrt durch den Oberen Lochgraben.)**

2 Von Spitzingsee (1085 m, Alte Wurzhütte) über die Untere Maxlraineralm (1190 m)

Dauer: *Etwa 1 1/2 Std.*

Anforderung: *Bequemer Weg.*

Vom großen Parkplatz bei der Kirche südlich zum Beginn der nach Valepp

Spitzingsee mit Jägerkamp, Miesing und Rotwand (von links).

führenden Straße. (Schranke, rechts gegenüber steht die Alte Wurzhütte). Man folgt ihr nur ganz kurz und nimmt das nach links abzweigende Fahrsträßchen. (AV-Schilder Rotwandhaus etc; auch ein Schild „Schönfeldhütte" findet sich.) Es führt am „Saugraben" (siehe Seite 99) und später an der Bergwachthütte vorbei immer entlang des Schwarzenkopfes aufwärts. Nachdem man die Untere Maxlraineralm (1190 m, Gasthaus) passiert hat, leitet die Straße mit einer Kehre in einen Wiesensattel. (Links steht die Schwarzenkopfhütte, rechts die frühere Jubiläumshütte der DAV-Sektion Oberland.) Man folgt dem nach rechts führenden Fahrsträßchen, das bald den Oberen Lochgraben quert. Weiter wie auf Seite 107 beschrieben. **(Auch Winterzugang und ideale Bergradl-Strecke.)**

3 **Vom Spitzingsattel (1127 m)**
Dauer: *1 Std.*
Anforderung: *Markiert. Schöner Weg; nach Regenfällen auf der Waldstrecke längere Zeit sehr nass.*

i

Lawinenlageberichte

Bayern

Telefonband	0 89/92 14 12 10
Beratung	0 89/92 14 15 55

Österreich

Tirol

Telefonband	00 43-5 12/15 88
Beratung	00 43-5 12/58 18 39

Salzburg

Telefonband	00 43-6 62/15 88
Beratung	00 43-6 62/80422170

Vom Spitzingsattel-Parkplatz dem Ww. „Schönfeldalm" über einen Grashang in Südrichtung folgen. Der Steig führt in den Mischwald. Danach geht's im freien Gelände oberhalb des Spitzingsees in Ostrichtung zur Schönfeldhütte.

Übergang

4 Über Taubensteinsattel (1590 m) und Lempersberg (1817 m) zum Rotwandhaus (1737 m)

Dauer: *2 Std.*

Anforderung: *Markiert. Ab Taubensteinsattel schöner Höhenweg. Für Kinder ab etwa 8 Jahren geeignet.*

Von der Schönfeldhütte dem auf Seite 107 in umgekehrter Richtung beschriebenen Wanderweg am nördlichen Rand des Oberen Lochgrabens entlang zum Taubensteinsattel (1590 m) und zur Bergstation der Taubenstein-Kabinenbahn (1613 m, knapp 1 Std.) folgen.

(Hierher auch über Schnittlauchmoosalm und **Rauhkopf,** 1689 m: Von der Schönfeldhütte auf markiertem Steig nördlich hinauf zur Oberen Schönfeldalm. Jetzt in Nordostrichtung zu Wegverzweigung empor. Dort hält man sich rechts und wandert an der Schnittlauchmoosalm vorbei bis vor den Rauhkopf, den man überschreitet. Gut 1 1/4 Std.)

Ab Seilbahn-Bergstation erst über eine Treppe hinauf, dann mit Kehren in kurzem, steilem Anstieg zu einem Sattel ostseitig unterhalb des Taubensteingipfels. Weiter in Südrichtung aufwärts, an der Wegabzweigung zur Kleintiefenthalalm vorbei und bei neuerlichem Wegabzweig links aufwärts (teilweise steinig) zum freien Lempersbergkamm. Es geht immer rechts (westlich) unterhalb der Grathöhe aussichtsreich dahin. Nach kurzem Abstieg in eine Senke führt der Steig schräg rechts aufwärts zum Rotwandkamm, den man links unterhalb eines Felsköpfchens (Kirchstein, von manchen auch „Kragenknöpfl" genannt) erreicht. Jetzt nach links und südseitig unterhalb des Rotwandkopfes entlang bequem abwärts zum schon sichtbaren Rotwandhaus (1737 m, siehe Seite 98).

Die Rotwand: ganz links der Kirchstein.

Gipfeltouren

5 Jägerkamp (1746 m)

Aufstiegszeit: *1 Std.*
Anforderung: *Markiert. Problemlose Wanderung. Für Kinder ab etwa 5 Jahren geeignet.*
Der Jägerkamp ist als aussichtsreicher Hausberg der Schönfeldhütte „kinderleicht“ zu ersteigen.

Von der Schönfeldhütte auf markiertem Steig nördlich hinauf zur Oberen Schönfeldalm. Von dort in Nordostrichtung empor zu Wegverzweigung (siehe auch Seite 109). Jetzt links (nordwestlich) unterhalb des **Benzingspitz** (1735 m) aufwärts zum großen Gipfelkreuz des Jägerkamps.
Abstieg: Auf der gleichen Route. Knapp 3/4 Std.

6 Tanzeck (1703 m) und Aiplspitz (1759 m)

Aufstiegszeit: *1 1/4 Std.*
Anforderung: *Markiert. Trittsicherheit und Schwindelfreiheit sind notwendig. Für größere, entsprechend geübte Kinder ab 12 Jahren zu machen.*
Der Aiplspitz beherrscht mit seiner markanten Gestalt das Leitzachtal. Von Süden gesehen fällt er zwar nicht so sehr auf, dennoch ist seine Ersteigung auch auf der Normalroute interessant und etwas anspruchsvoll.

Wie oben beschrieben zur Wegverzweigung. Von dort nicht rechts ab in Richtung Rauhkopf (1689 m) bzw. Taubensteinsattel, sondern nordöstlich etwas absteigen und weiter zum Tanzeck. Nun an sehr „abgespecktem“ Fels (Stellen I und Drahtseile) auf den Aiplspitz.
Abstieg: Auf der Anstiegsroute. 3/4 Std.

7 Aiplspitz (1759 m) aus dem Benzingkessel

Dauer: *Gut 3 Std.*
Anforderung: *Teilweise markiert. Trittsicherheit, Schwindelfreiheit und etwas Klettergewandtheit sind notwendig. Für größere, geübte Kinder ab etwa 12 Jahren geeignet.*

Der Taubenstein mit seiner überhängenden Westwand.

Dieser fraglos lohnendste Aiplspitz-Anstieg läßt sich nicht nur von Aurach aus, sondern auch von der Schönfeldhütte als äußerst anregende Rundtour unternehmen.

Wie auf Seite 110 beschrieben auf den Jägerkampgipfel. (1 Std.) Von dort nördlich über den zuerst freien, dann latschenbewachsenen Gratrücken abwärts. An der Wegabzweigung zur Spitzingstraße vorbei und gleich darauf steil nach rechts (östlich) auf schlechtem Steig in den Benzingkessel hinunter. Weiter in östlicher Richtung, an der Benzingalm vorüber, landschaftlich reizvoll zur Einmündung des aus dem Aurachtal heraufkommenden Weges. Dort rechts ab und in Kehren recht steil hinauf auf den von der Heißenplatte (1593 m) zum Aiplspitz verlaufenden Kamm. Dieser „Nordgrat" wird bald schrofig, später felsig. Man steigt immer der roten Markierung entlang über Stufen und Wandln, zuletzt von Nordosten her zum Gipfelkreuz.
Abstieg: Auf der Normalroute. 3/4 Std. (Siehe Seite 110)

8 Taubenstein (1692 m)

***Aufstiegszeit:** Gut 1 Std.*
***Anforderung:** Markiert. Für den kurzen Gipfelanstieg ist Trittsicherheit nötig. Kinder ab etwa 10 Jahren können ihn, wenn die Eltern gut aufpassen, „packen".*
Von Osten gesehen ist der Taubenstein nur eine unscheinbare Kuppe. Sein Schaustück, die überhängende Westwand, wird hingegen bereits

Ruchenköpfe, Traithen und Kaiser von der Rotwand.

beim Hüttenaufstieg über die Untere Maxlraineralm zum Blickfang.

Wie auf Seite 109 beschrieben in den Sattel ostseitig unterhalb des Taubensteingipfels. Von dort rechts auf Steig (mit kurzer, drahtseilgesicherter Stelle) zum Gipfelkreuz.
Abstieg: Auf der gleichen Route.

9 Hochmiesing (1883 m)

Aufstiegszeit: *Etwa 2 1/2 Std.*
Anforderung: *Markiert. Einfache Bergwanderung. Für Kinder ab etwa 8 Jahren geeignet.*
Der doppelgipfelige Miesing (Hoch- und Dürrmiesing) ist ein richtiger „Brocken“. Seine Masse beeindruckt besonders aus dem Leitzachtal; sie wirkt aber selbst vom Rotwandgipfel gesehen.

Wie auf Seite 109 beschrieben in den Taubensteinsattel (1590 m, knapp 1 Std.) und östlich hinüber zum Taubensteinhaus (siehe Seite 104). Von dort auf nicht zu verfehlendem Steig südöstlich hinunter zur Kleintiefenthalalm (1559 m) und zum Tiefenthal- oder Miesingsattel (siehe auch Seite 104) empor. Jetzt nordöstlich mit Kehren durch Latschen aufwärts und zuletzt flach über den latschenbewachsenen Kamm zum Miesing-Gipfelkreuz.
Abstieg: Auf der gleichen Route. Etwa 1 1/2 Std.

10 Rotwand (1884 m)

Aufstiegszeit: *Etwa 2 Std.*
Anforderung: *Markiert. Einfache Bergwanderung. Für Kinder ab etwa 8 Jahren geeignet.*
Wie auf Seite 109 beschrieben über den Lempersberg auf den Rotwandkamm. Nun entweder zum Rotwandhaus hinab und von dort aus zum Gipfel. Oder jenseits des Kammes sofort links ab und auf einem guten Steig direkt unterhalb des Rotwand-

kopfes entlang, bis man auf den vom Haus heraufführenden Weg trifft.

11 Auerspitz (1811 m) und Ruchenköpfe (1805 m)
Siehe Seiten 97 und 99.

Skitouren

Während der Jägerkamp einen unproblematischen Skitourenausflug bietet, ist der Aiplspitz nicht nur auf Grund seiner glatten Gipfelfelsen anspruchsvoll. Die Krone gebührt natürlich der Rotwandreib'n, in die einzusteigen es drei Möglichkeiten gibt.

12 Jägerkamp (1746 m)
Aufstiegszeit: *Etwa 1 Std.*
Die Skiaufstiegsroute und auch die Abfahrt sind mit der Sommerroute (siehe Seite 110) identisch. Keinesfalls über den Benzingspitz aufsteigen oder abfahren. (Siehe Infotafel und Markierung „Skibergsteigen umweltfreundlich" unterhalb des Benzingspitz.)

13 Aiplspitz (1759 m)
Aufstiegszeit: *Gut 1 1/2 Std.*
Wie auf Seite 110 beschrieben zum Tanzeck (Skidepot) und – bei Vereisung heikel – auf den Aiplspitz.
Abfahrt: Die möglichen Einfahrten in den Aiplspitz-Südhang sind sehr steil und setzen gute Schneeverhältnisse (am günstigsten Firnschnee) voraus. Vom Tanzeck südöstlich hinunterfahren. Nach knapp 100 Höhenmetern steht man oberhalb einer Steilstufe. Der Durchschlupf ist dort etwas schwierig zu finden. Man sollte sich nicht zu weit rechts halten. Nach der Steilstufe folgen herrliche Hänge hinunter zur Krottenthaleralm (1437 m) und sogar noch ein bisschen weiter bis dorthin, wo auf etwa 1330 m der Weg über den Bach führt. Man folgt dem Weg eben durch den Wald und trifft auf die von Geitau heraufführende Route. Auf ihr mit etwa 40 Min. Gegenanstieg zum **Taubensteinhaus** (siehe Seite 104) und hinüber zum Taubensteinsattel. Jetzt durch den Oberen Lochgraben abfahren bis zur von der Wurzhütte heraufführenden Almstraße und wie auf Seite 107 beschrieben zurück zur Schönfeldhütte.

14 Rotwandreib'n, Variante über den Lempersberg
Dauer: *Etwa 4 1/2 Std.*
Entweder man stapft – zur Gaudi der Pistenfreaks – am Rande des Oberen Lochgrabens zum Taubensteinsattel (1590 m) empor, oder (das ist allemal besser!) man lässt sich mit dem Schlepplift (Talstation etwas unterhalb der oben beschriebenen Almstraße) dort hinaufziehen. Von der Taubensteinbahn-Bergstation (1613 m) folgt man der auf Seite 109 beschriebenen Route am Taubenstein vorbei und unterhalb des Lempersberges durch (auch hier Infotafeln beachten!) hinüber zum Kirchstein und weiter zum Rotwandhaus. Von dort wie auf Seite 104 beschrieben.

15 **Rotwandreib'n „klassisch"**
Dauer: *Etwa 4 1/2 bzw. 4 Std.*
Entweder Abfahrt auf der Piste des Unteren Lochgrabens zur Talstation der Taubensteinbahn und von dort am Seeufer entlang ins Dorf (1/4 Std.). Nun ab Alter Wurzhütte wie auf den Seiten 108 und 103 beschrieben weiter.

Oder man fährt und schiebt auf der Almstraße zum Wiesensattel zwischen der ehemaligen Jubiläumshütte und der Schwarzenkopfhütte (siehe Seite 108), fährt ab da – die Almstraße abkürzend – über den kleinen Südhang hinab, und, wieder auf der Straße, an der Unteren Maxlraineralm vorbei bis zum Brükkerl vor der Bergwachthütte (siehe Seite 103) hinunter. Dort trifft man auf die übliche Route.

Ruchenköpfe (links) und Auerspitz vom Rotwandhaus.

12 Gumpertsbergerhütte (964 m)

Von den drei sektionseigenen Hütten in den Chiemgauer Alpen wurde 1929 die Gumpertsbergerhütte als letzte gekauft. Während der Endphase des Zweiten Weltkriegs ist die Hütte geplündert worden. Sie musste nach 1945 vollkommen neu eingerichtet werden. Bauliche Veränderungen wie die Solaranlage und die Komposttoilette erfolgten in den letzten Jahren.

Für Bergwanderungen und Skitouren im Hochriesgebiet und im Klausenkamm bietet die Gumpertsbergerhütte einen idealen Stützpunkt. Etwa 10 Minuten von ihr entfernt steht das **Frasdorfer Berghaus** (900 m, privat, 70 Schlafplätze, Tel. 0 80 52/51 40), und während der Weidezeit hat man mit der nahegelegenen **Hofalm** (970 m) eine einfache Sommerwirtschaft.

Zugänge

1 Von Frasdorf über Zellboden (820 m) und Rauchalm

Dauer: *1 ¼ Std. ab Frasdorf, 1 Std. ab Parkplatz.*

Vom Parkplatz Lederstube dem Fahrweg kurz folgen. Bei der Verzweigung hält man sich links (Wegtafel: Riesenhütte, Hochries) und geht in mäßiger Steigung südlich taleinwärts bis zum Zellboden. Kurz vorher Fahrwegverzweigung. Dort hält man sich links, geht über einen Weiderost und folgt weiter dem Fahrweg. Bei einer Kehre (Brunnen) geradeaus zur Rauchalm. **(Bis hierher mit dem Mountainbike möglich.)** Links hinter ihr in nordöstlicher Richtung über den Wiesenhang (sehr schwache Steigspuren) auf den Rücken. Von dort etwa 15 Höhenmeter

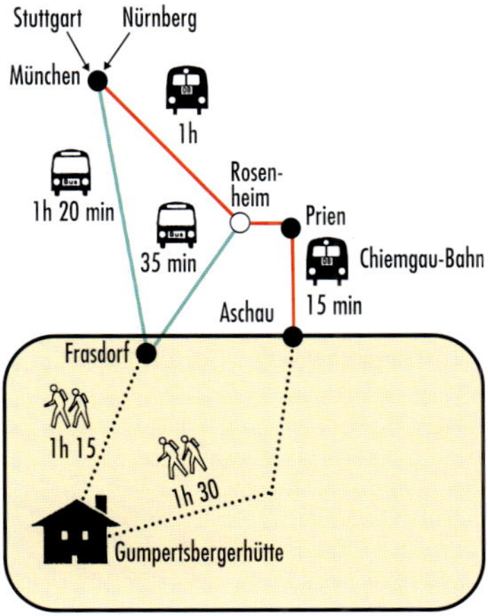

Die Hofalm.

absteigen zur Hütte. **(Beste Aufstiegsmöglichkeit zu Fuß und mit Ski.)**

Oder man folgt ab dem Brunnen bei der Rauchalm dem breiteren Forstweg und geht am Frasdorfer Berghaus vorbei bis zur Verzweigung. Dort links in Richtung Hofalm bis auf den Wiesenrücken. Zaundurchstieg links (bitte immer schließen) und auf schwach sichtbaren Trakspuren zu einer großen Tanne mit Zaunüberstieg. Von hier ca. 200 m in nördlicher Richtung über die Wiese, dann ca. 15 Höhenmeter nach rechts absteigen zu der erst am Schluss sichtbaren Hütte.

2 Von Hohenaschau über die Hofalm (970 m)

Dauer: *1 Std. Großteils markiert.* Nördlich unterhalb des Schlossberges (Festwiesen-Parkplatz) der Straße nach rechts (Westen) folgen, über die Prien und rechts (nördlich), bis der Weg zur Hofalm (AV-Weg Nr. 217) links abzweigt. Im Wald mit Kehren hinauf zum Wiesenplateau. Auf dem Forstweg an der Hofalm vorbei zum Wiesenrücken. Dort Zaundurchstieg rechts (bitte immer schließen) und weiter wie links beschrieben.

12 Gumpertsbergerhütte

Für Mitglieder der Sektion München und für **Plus*****-Mitglieder zugängliche Selbstversorgerhütte***

Talorte: Frasdorf (598 m) oder Aschau (615 m) im Chiemgau.
Anfahrt: Mit öffentlichen Verkehrsmitteln ist Frasdorf am besten per RVO-Bus ab Bahnhof Rosenheim zu erreichen. Mit dem Kfz fährt man auf der A 8 (Autobahn München – Salzburg) bis Ausfahrt Frasdorf. Im Ort vor der Kirche links abbiegen (Wegtafel: Hochries, Sagberg, Parkplatz Lederstube usw.), auf der kleinen Straße bis zur Gabelung und dort rechts bis zum Wandererparkplatz Lederstube fahren. Aschau erreicht man über Prien (dort umsteigen) mit dem Zug. Ab Bahnhof Busverbindung zum Schlosswirt (Montag bis Sonntagmittag). Mit dem Kfz fährt man auf der A 8 bis Ausfahrt Frasdorf und folgt der Beschilderung nach Aschau.
Zugänglich: ganzjährig.
Schlafplätze: 20.
Raumaufteilung: zwei Räume mit je 6 Schlafplätzen, zwei Räume mit jeweils 4 Schlafplätzen.
Sanitäre Einrichtungen: Komposttoilette.
Sonstige Einrichtungen: Solarenergieanlage für Hüttenbeleuchtung, Ofen für Holzfeuerung, Gaskocher.
Reservierung und Schlüssel: Nur für Mitglieder der Sektion München (und *Plus*-Mitglieder) über die Service-Stelle.
Eignung für Familien: Die Gumpertsbergerhütte ist ein idealer Familienstützpunkt mit einer für Kinder ungefährlichen Umgebung.
Karte: Topogr. Karte Chiemsee 1:50000.

Gipfeltouren

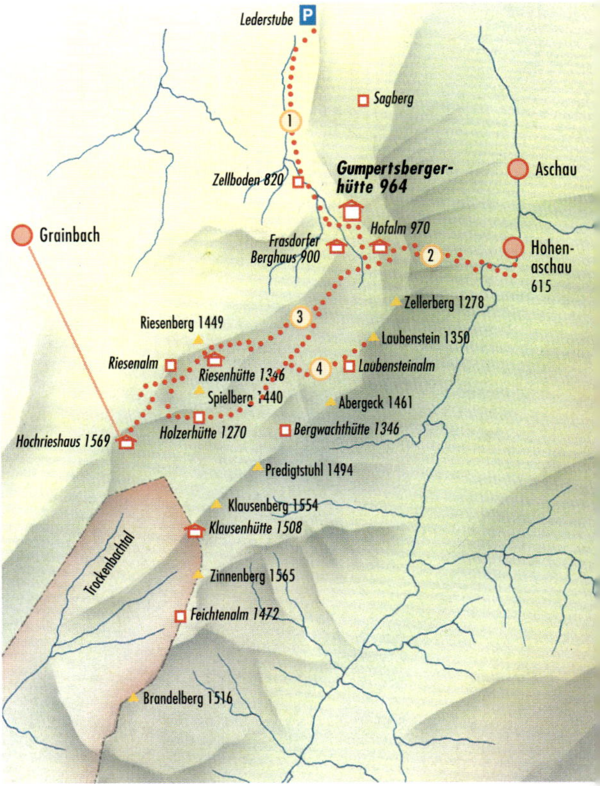

3 Hochries (1569 m)

Aufstiegszeit: *2 ½ Std.*
Anforderung: *Markiert. AV-Weg Nr. 216. Einfache Bergwanderung. Auf Grund der beiden bewirtschafteten Stützpunkte auch für kleinere Kinder geeignet.*

Die Hochries ist ein altbekannter Aussichtsgipfel, der von Norden – vom Samerberg her – mit Lift und Seilbahn erschlossen wurde. Von der Gumpertsbergerhütte lässt er sich bequem ersteigen.

Von der Gumpertsbergerhütte über den Wiesenrücken zur Forststraße. Von dort kurz hinunter zur Weggabelung (rechts Frasdorfer Berghaus). Man folgt der Forststraße links und geht durch Hochwald bis zu einer scharfen Rechtskurve. Von dort geradeaus weiter bis zur Abzweigung „Laubenstein/Klausen“. Weiter geradeaus dem Forstweg folgend bequem aufwärts zur **Riesenhütte** (1346 m, DAV-Sektion Oberland, ganzjährig bewirtschaftet, jeweils 14 Tage im Frühjahr und im November geschlossen, 42 Schlafplätze, Tel. 0 80 52/29 21). Nun über die Riesenalm hinauf zum Kamm und in Südwestrichtung auf den Hochriesgipfel mit dem **Hochrieshaus** (1569 m, DAV-Sektion Rosenheim, vom 10.12.

i

Alpine Auskunft

Mündliche und schriftliche Auskünfte über Wegverhältnisse, Schwierigkeiten von Touren, Öffnungszeiten anderer Alpenvereins- und Privathütten, Führer, Karten u.a.m. erhalten Sie beim

Deutschen Alpenverein
Haus des Alpinismus
Praterinsel 5
D-80538 München
Telefon 0 89/29 49 40
Telefax 0 89/22 60 54
E-Mail: auskunft@alpenverein.de

Montag bis Mittwoch von 9 bis 12 Uhr und von 13 bis 16 Uhr,
Donnerstag von 9 bis 12 Uhr und von 13 bis 18 Uhr,
Freitag von 9 bis 12 Uhr

Oesterreichischen Alpenverein
Alpenvereinshaus
Wilhelm-Greil-Straße 15
A-6010 Innsbruck
Telefon 00 43-5 12/58 78 28
Telefax 00 43-5 12/58 88 42

Montag bis Mittwoch und Freitag von 9.00 bis 13.00 Uhr und von 14.00 bis 17 Uhr,
Donnerstag von 9 bis 13 Uhr und von 14 bis 18 Uhr

bis 24.12. geschlossen, sonst ganzjährig bewirtschaftet, Donnerstag Ruhetag, 64 Schlafplätze, Tel. 0 80 32/82 10).
Abstieg: Wie Aufstieg. Etwa 1 1/2 Std. Oder noch vor den Riesenalmhütten rechts (südlich) absteigen und über die unterhalb des Spielbergs gelegene Holzerhütte (etwa 1270 m) nordöstlich dem Tälchen folgend zum Laubensteingatterl (siehe unten).

4 Laubenstein (1350 m)

Aufstiegszeit: *1 1/2 Std.*
Anforderung: *Überwiegend Fahrwege. Einfache, auch für kleinere Kinder geeignete Bergwanderung.*
Der Rücken des Laubensteins ragt zwischen Spiel- und Zellerberg halbwegs markant empor. Bedeutender als dieser kleine Gipfel sind die **Laubensteinhöhlen** wie etwa die Schlüssellochhöhle oder die Spielberghöhle; Ziele nur für erfahrene Speläologen.

Von der Gumpertsbergerhütte wie auf Seite 119 beschrieben zur Abzweigung Laubenstein/Klausen. Dort nicht in Richtung Riesenhütte, sondern dem links abzweigenden Weg teilweise steil zum Laubensteingatterl (Weiderost) folgen. Von dort auf Fahrweg nach links (nordöstlich) aufwärts zur Laubensteinalm. Weiter über den Wiesenrücken hinüber zum Gipfelkreuz.
Abstieg: Auf der Anstiegsroute. 3/4 Std.

Feichteck, Hochries und Karkopf vom Laubenstein.

5 Zellerberg (1278 m)

Aufstiegszeit: *1 1/4 Std.*
Anforderung: *Trittsicherheit ist unbedingt erforderlich. Bei Nässe gefährlich!*

Der Zellerberg, der nordöstlichste Gipfelpunkt des langen, das Priental westlich begrenzenden Bergkamms, welcher mit dem Spitzstein seine größte Höhe erreicht, ist auf der topographischen Karte als „Hammerstein“ bezeichnet.

Von der Gumpertsbergerhütte zur Hofalm. Von dort südlich über den Wiesenhang zum Waldrücken. Auf deutlichen Pfadspuren über ihn hinauf bis zu einer Felsrinne. Durch sie empor zur Südseite und auf Steigspuren zum höchsten Punkt.
Abstieg: Auf der gleichen Route.

6 Predigtstuhl (1494 m) und Klausenberg (1554 m)

Aufstiegszeit: *2 1/2 Std.*
Anforderung: *Markiert. Schöne, einfache Bergwanderung. Für Kinder ab etwa 8 Jahren geeignet.*

Der Predigtstuhl wird auf dem Weg zum Klausenberg ohnehin „mitgenommen“. Letzterer, ein bekannter Chiemgauer-Alpen-Gipfel, steht ziemlich genau im Zentrum des Prientalkammes.

Von der Gumpertsbergerhütte ins Laubensteingatterl (siehe Wegbe-

Die Klausenhütte.

schreibung Laubenstein, Seite 120). Auf dem Fahrweg abwärts zu einem Almboden. Bei der Abzweigung (Wegtafel: Bergwachthütte) links gehen und auf kleinem Steig zur **Bergwachthütte** (1346 m). Jetzt südlich über den Wiesenweg hinauf zum Kamm, den man etwas nordöstlich des **Predigtstuhls** erreicht. (Links Abzweigung zum **Abergeck,** 1461 m, rechts geht's auf den **Heuraffelkopf,** 1504 m.)

Vom Predigtstuhl dem Steig in Südwestrichtung folgen und entweder direkt am Kamm auf den Klausenberg, oder dessen Nordwesthang zur **Klausenhütte** (1508 m, privat, Berggasthaus, im Winter nur an den Wochenenden geöffnet, Übernachtung auf Anfrage, Tel. 0171/995 49 52) queren und von dort auf dem Kammsteig zum Gipfel.
Abstieg: Wie Aufstieg.
Etwa 1 1/2 Std.

7 Über den Brandelberg (1516 m) zum Spitzstein (1596 m)

Aufstiegszeit: *5 1/2 bzw. 4 1/2 Std.*
Anforderung: *Überwiegend markiert. Trittsicherheit, für den nordseitigen Spitzsteinanstieg auch Schwindelfreiheit, sind erforderlich.*
Eine lohnende Überschreitung, die Geübte mit dem steilen, jedoch etwas steinschlaggefährdeten Spitzstein-Nordanstieg alpin „würzen" können! Vom Spitzsteingipfel genießt man einen herrlichen Blick auf das Kaisergebirge.
Wie vorher beschrieben zur Klausenhütte. 2 1/2 Std. Von dort auf dem Weg an der Westseite des **Zinnenbergs** (1565 m) entlang zur Feichtenalm (1472 m) und in gleicher Richtung zum Ansatz des Brandelbergs. (Hierher auch – unschwierig – direkt über den Zinnenberg.) Dem Kamm folgen. Weiter oben werden Felsaufschwünge an der Westseite umgangen. Vom Brandelberg direkt am Grat nach Südwesten absteigen und an Felsen vorbei zu einem Sattel zwischen **Tristmahlnschneid** (1452 m) und Spitzstein. Nun entweder

Am Spitzsteingipfel. Kleines Bild: Brandelberg (im Vordergrund) und Zinnenberg.

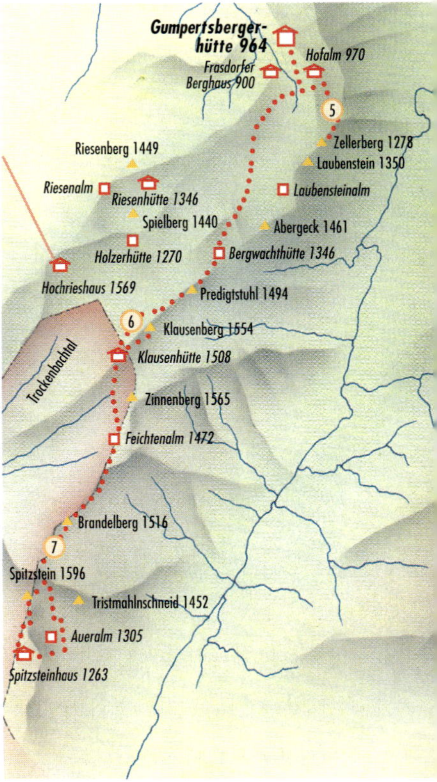

a) südlich auf gutem Steig am Wiesenhang (oben Latschen) abwärts und an den Nordostabbrüchen des Spitzsteins entlang, bis man auf den von Innerwald (Priental) heraufführenden Weg trifft, der in Westrichtung zum **Spitzsteinhaus** (1263 m, DAV-Sektion Spitzstein, bewirtschaftet vom 26. Dezember bis zum 28. Februar und vom 1. April bis zum Wochenende nach dem 1. November, 70 Schlafplätze, Tel. 0043-53 73/83 30) führt. Von dort über den Südhang erst im freien Gelände, weiter oben steil durch Wald in Kehren zum Gipfel mit Kreuz und kleiner Kapelle. Etwa 3 Std. ab Klausen.

b) Oder südwestlich an den Steilaufbau des Spitzsteins heran und durch eine breite Rinne (Blöcke, Schrofensteig, Stellen I) direkt zum Gipfel. (Trittsicherheit unbedingt erforderlich; bei Nässe gefährlich.) Gut 2 Std. ab Klausen.

Rückweg: Nur auf der einfachsten Zugangsroute. (Besser nicht vom Spitzsteingipfel durch die Nordrinne absteigen.) Etwa 3 ½ Std.

Skitouren

Hochries, Predigtstuhl, Klausen- und Zinnenberg bieten im Hochwinter von der Gumpertsbergerhütte aus nette Skitourenziele, die großteils – was sie erst richtig als lohnend gestaltet – kombiniert werden können.

8 Hochries (1569 m)

Aufstiegszeit: *Etwa 2 1/2 Std.*

Die Skitouren- folgt in etwa der Sommerroute (siehe Seite 119).

Abfahrt: Wie Aufstieg.

9 Übergang zum Karkopf (1496 m)

Aufstiegszeit: *3/4 Std.*

Vom Hochriesgipfel über den Südwestrücken in den Sattel (1430 m) zwischen Hochries und Karkopf abfahren und von dort aus auf den letzteren.

Abfahrt (lawinensichere Verhältnisse sind unbedingt erforderlich): Über den Nordosthang hinab ins obere Trockenbachtal. Nun in Nordostrichtung bequeme Skiwanderung an der Holzerhütte (etwa 1270 m) vorbei (siehe auch Seite 120) zum Laubensteingatterl und von dort zur Hochriesroute abfahren.

10 Übergang zum Predigtstuhl (1494 m)

Aufstiegszeit: *Etwa 1 Std.*

Vom Hochriesgipfel entlang der Aufstiegsspur bis etwa 1350 m hinunter, dann nach Südosten durch Wald über eine kleinere Steilstufe abfahren, nach links queren und zur Holzerhütte hinab. Von dort südöstlich über wenig steiles Gelände – an der **Bergwachthütte** (1346 m) vorbei – aufwärts zum Nordwestrücken des Predigtstuhls. Oben in den Nordhang queren und auf den Gipfel.

Abfahrt: Entweder entlang der Aufstiegsroute zur Bergwachthütte, weiter auf den Almboden südwestlich des Laubensteingatterls und über dieses zur Hochriesroute.

Oder (schöner): Nach Norden zur Abergalm abfahren und steiler Ge-

Aufstieg zum Predigts

Heuraffelkopf und Aber

Auf dem Zinnenberg.

genanstieg über den Südhang aufs **Abergeck** (1461 m). Nun über den sanft geneigten Rücken bis kurz oberhalb der Einsattelung vor dem Laubenstein hinunter. Jetzt nach Westen abfahren, kurze Querung ins Laubensteingatterl und durch Wald nordwärts hinab zur Hochriesroute.

11 Vom Predigtstuhl über den Klausenberg (1554 m) zum Zinnenberg (1565 m)

Aufstiegszeit: *Etwa 1 Std.*

Vom Predigtstuhl folgt man dem Grat in Südwestrichtung bis auf den Klausenberg. Nun entweder am felsigen Grat weiter, oder je nach Verhältnissen rechts oder links ausweichend zur **Klausenhütte** (1508 m, siehe Seite 122). Von dort in einer Südschleife zum breiten Gipfel des Zinnenbergs empor.

Abfahrt: Über die weiten Hänge nach Nordosten abfahren und zur Baumgartenalm (etwa 1300 m) hinüberqueren. Gleich hinter der am weitesten unten gelegenen Hütte in den Wald und auf einem Weg, später über einen Hang zur Ellandalm (989 m) abfahren. Von dort längere Querung nach Norden, dann entweder steil dem Sommerweg folgend nach Aschau hinunter, oder auf etwa gleicher Höhe (ca. 900 m), später leicht ansteigend zur Plateaukante und zur Hofalm queren. Nun zurück zur Gumpertsbergerhütte.

13 Kampenwandhütte

(1550 m)

Die Kampenwandhütte wurde vermutlich im 19. Jahrhundert vom Baron Cramer-Klett zu Aschau als Jagdhütte errichtet. Sie ist Ziel des in Aschau beginnenden historischen Reitweges. Im Jahre 1919 wurde die Hütte von der Sektion München erworben. Deshalb ist sie in allen Karten als „Münchener Haus“ eingetragen. Auch bei den Einheimischen ist sie nur unter diesem Namen bekannt.

Die Hütte wurde nach mehreren Erweiterungen in den Jahren 1992 bis 1996 gründlich renoviert. Sie befindet sich auf der Kammhöhe westlich

unterhalb des Kampenwand-Westgipfels direkt neben einer im Jahr 1999 errichteten Windmessstation des Bayerischen Lawinenwarndienstes. Die Daten der Station können auf der entsprechenden Internetseite abgerufen werden.

Die Hütte ist im Sommer ein beliebter Ausbildungsstützpunkt für das Felsklettern. Im Winter Skigebiet. Kampenwandbahn Tel. 0 80 52/44 11.

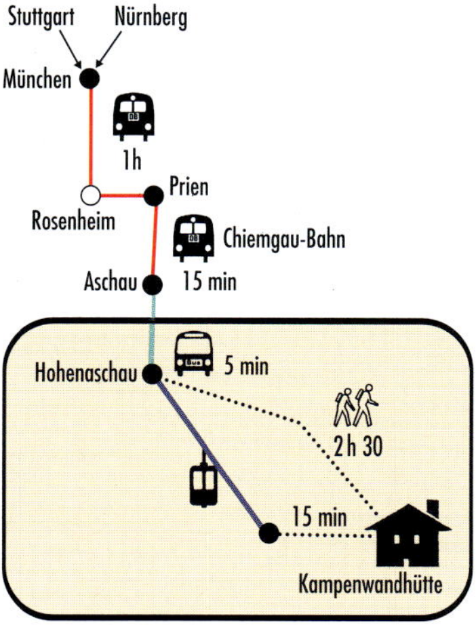

Zugänge

1 Von der Bergstation der Kampenwand-Seilbahn

Dauer: *15 Min.*
Anforderung: *Promenadeweg.*

Die Kampenwandbahn-Talstation befindet sich östlich unterhalb von Schloss Hohenaschau (deutliche Zufahrtsbeschilderung, großer Parkplatz).

Von der Bergstation (1467 m) östlich zum **Kampenwandhaus** (Gaststätte) und auf dem zur Steinlingalm führenden Promenadeweg aufwärts bis dorthin, wo rechts ein deutlicher, durch Latschen zum Fuß des Kampenwand-Westgipfels führender Steig ansetzt. Am Beginn dieses Steiges wendet man sich scharf nach rechts und steht nach wenigen Schritten vor der Hütte.

2 Von Hohenaschau über die Schlechtenbergeralm

Dauer: *Etwa 2 1/2 Std.*
Anforderung: *Teilweise ehemaliger Reitweg. Bequeme Wanderung.*
Von der Nordseite des Kampenwandbahn-Parkplatzes auf einer Forststraße östlich an den Waldhang. Man folgt ihr bis zu einer Verzweigung. Dort hält man sich links (nordöstlich). Nach einiger Zeit zweigt der

Kampenwand-Westgipfel vom Kampenwandhaus.

13 Kampenwandhütte

Für Mitglieder der Sektion München und für Plus-Mitglieder zugängliche Selbstversorgerhütte

Talorte: Aschau (615 m) und Bernau (544 m).
Anfahrt: Beide Orte sind Bahnstationen. Zwischen Bernau und Aschau verkehrt eine Buslinie mit Haltestelle Außerkoy (621 m, siehe Seite 128). Zudem gibt es eine Busverbindung zwischen Bernau und Hinterqschwendt. Mit dem Kfz fährt man auf der A 8 (München – Salzburg) bis zu den Ausfahrten Frasdorf bzw. Bernau und von dort in Richtung Aschau.
Zugänglich: ganzjährig; jedoch winters abhängig von der Schneelage und der Bereitschaft der Gäste, den Schnee von Eingängen und Fensterläden zu räumen.
Schlafplätze: 22.
Sanitäre Einrichtungen: Waschraum mit fließendem (Kalt)Wasser, Komposttoilette.
Sonstige Einrichtungen: Herd für Holzfeuerung, Elektro-Kochplatten (Nutzung zeitlich eingeschränkt).
Reservierung und Schlüssel: Nur für Mitglieder der Sektion München (und *Plus*-Mitglieder) über die Service-Stelle (siehe Seite 99).
Eignung für Familien: Im Sommer gut; Vorsicht am Klettergarten neben der Hütte – Absturzgefahr! Im Winter gibt es wegen der exponierten Lage starke Schneeverwehungen auf dem Zustieg. Die Hütte ist häufig von November bis April stark zugeschneit. Winterpause der Kampenwandseilbahn ist zwischen Ende Oktober und Weihnachten. Deshalb nur mit Kindern ab 10/12 Jahren, die auch schon im etwas steileren Gelände auf der Piste Skifahren können, empfehlenswert. Der Zugang von der Bergstation kann im Winter bei hoher Schneelage bis zu 1 Std. dauern.
Karte: Topogr. Karte Chiemsee 1:50000.

Weg zur Kampenwand rechts ab. Man folgt ihm mit weiten Schleifen bis zum Roßleitenlift, quert seine Trasse und erreicht eine Straße, auf der man nach rechts (Osten) weitergeht. Sie führt zur **Schlechtenbergeralm** (1280 m, privat, im Sommer bewirtschaftet, keine Übernachtungsmöglichkeit). Von dort auf der Almstraße südlich, bis nach einer Kehre der Weg in Richtung Seilbahn-Bergstation rechts abzweigt. (Dem Straßenverlauf weiter folgend würde man zur Steinlingalm gelangen.) Nun in gut 20 Min. dorthin und zur Kampenwandhütte. **Auch ideale Mountainbike-Strecke.**

3 Von Außerkoy über Hintergschwendt und den Roßboden

Dauer: *Etwa 2 1/2 Std. vom Parkplatz.*
Anforderung: *Teilweise markiert. Almstraßen und Bergsteig.*

Von Außerkoy (621 m, siehe Seite 127) östlich auf schmaler, asphaltierter Bergstraße zum Seiserhof (Restaurant) und dem Sträßchen südlich folgen. Bei Verzweigung geradeaus weiter und an Hintergschwendt (Gasthaus) vorbei in Südrichtung nach Aigen und zum P. 826 (Topogr. Karte). Parkplatz. (Von Außerkoy in 1 1/4 Std., von Bernau über Unterbergham, Stocka und Seiserhof in gut 1 1/2 Std. zu Fuß hierher.)

Nun südlich auf der breiten Forststraße hinauf. Man benützt am besten immer wieder den beschilderten Wanderweg, der etliche Fahrstraßenkehren abschneidet. Bei etwa 1120 m („Bei unserer lieben Frau") geht der Fahr- in einen Wanderweg über. Man steigt durch Wald, dann auf einem etwas mühsamen, steinigen Weg in einen weiten Wiesensattel (Roßboden) zwischen Sulten und Gederer Wand. (Geradeaus weiter geht's zur Gederer Wand, siehe Seite 134). Jetzt südlich weiter, dann den freien Südosthang des Sultens queren und hinauf zur **Steinlingalm** (1550 m, privat, ganzjährig bewirtschaftet, keine Übernachtungsmöglichkeit, Tel. 0 80 52/29 62). Von dort westlich auf dem unterhalb der Kampenwand entlangführenden Promenadeweg zur Hütte.

Übergang

Von der Kampenwandhütte über Hintere Dalsenalm (etwa 1000 m), Weitlahnerkopf (1615 m) und Roßalm zur Priener Hütte (1411 m)

Dauer: *Etwa 4 1/4 Std.*

Anforderung: *Markiert. Trittsicherheit ist erforderlich. Für größere, ausdauernde Kinder ab etwa 12 Jahren geeignet.* Dieser Übergang mit seinen gut 700 Höhenmetern Gegenanstieg eröffnet auch von der Kampenwandhütte aus das reizvolle Bergwandergebiet des Geigelsteins.

Von der Kampenwandhütte zur Seilbahn-Bergstation. Von dort dem in Südwestrichtung abwärts führenden Wanderweg folgen. Nach kurzer Zeit Wegteilung. Nicht rechts weiter, sondern geradeaus hinunter und im freien Gelände in den lichten Wald. Nun wird der Steig deutlicher. Er führt in Südwestrichtung abwärts. Schon weit unten überquert man eine Forststraße und erreicht bald darauf die Hintere Dalsenalm (etwa 1000 m).

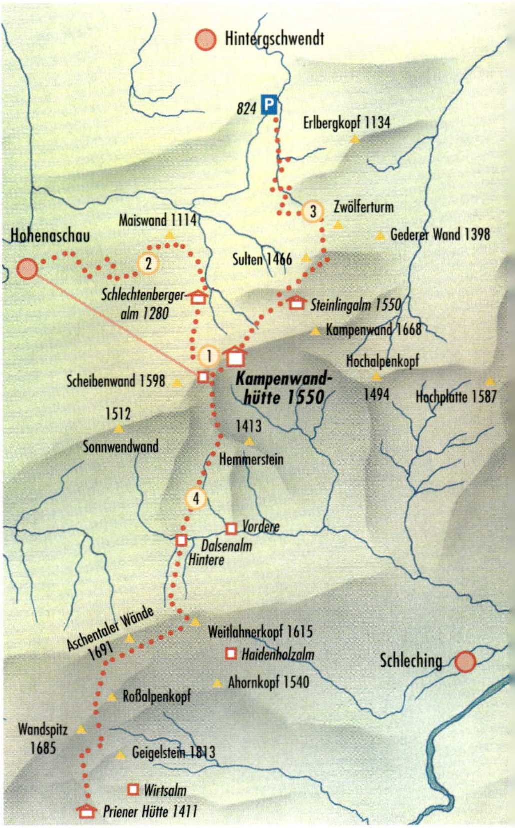

Blick vom Geigelstein zur Kampenwand.

Von der am weitesten südlich gelegenen Hütte beginnt der steile Steig über den Weitlahnerhang. Oben in Kehren empor und nach links (östlich) zum Kamm. Von dort rechts an die Gipfelfelsen und (kurze, drahtseilgesicherte Stelle) zum Weitlahnerkreuz (1615 m). Gut 3 Std. Jetzt in Südwestrichtung unterhalb des Kammes der Aschentaler Wände entlang, an der Einmündung des von der Haidenholzalm heraufziehenden Weges vorbei, zur Roßalm. Südlich über die Hochfläche aufwärts und in das Joch zwischen **Roßalpenkopf** (1762 m) und **Wandspitz** (1685 m). Von dort in Südrichtung hinunter zur **Priener Hütte** (1411 m, DAV-Sektion Prien, ganzjährig bewirtschaftet, vom 1. bis zum 30. April geschlossen, jedoch Ostern geöffnet, 109 Schlafplätze, Tel. 08057/428).

Gipfeltouren

5 Scheibenwand (1598 m)

Aufstiegszeit: *1/2 Std.*
Anforderung: *Steigspuren. Trittsicherheit ist erforderlich.*
Die Scheibenwand erhebt sich westlich der Kampenhöhe und vermittelt eine schöne Schau zur Kampenwand.

Von der Hütte zur Seilbahn-Bergstation und in Westrichtung an den latschenbewachsenen Hang. Den Steigspuren folgend durch Latschengassen, Rinnen und über kleine Felsabsätze zum Gipfel.
Abstieg: Auf der gleichen Route.

6 Kampenwand, Äußerer Ostgipfel (1668 m)

Aufstiegszeit: *3/4 Std.*
Anforderung: *Teilweise markiert. Trittsicherheit und Schwindelfreiheit sind erforderlich. Für geübte Kinder ab etwa 10 Jahren bei entsprechender Umsicht der Erwachsenen geeignet.*
Der Äußere Ostgipfel ist der Wandergipfel der Kampenwand. Er trägt das weithin sichtbare Chiemgaukreuz. Die Aussicht von dort auf den Chiemsee, auf das Kaisergebirge und in die Berchtesgadener Alpen kann nur als großartig bezeichnet werden.

Von der Kampenwandhütte auf dem

Promenadeweg in Richtung Steinlingalm, bis bei dieser nach rechts aufwärts ein Steig erst über die Wiese, dann zunehmend steil durch Latschen (Geröll; Steinschlaggefahr durch höher oben Steigende) zum Felsfuß der Kampenwand und in die Schlechinger Scharte führt. Dort nach links und durch die kleinen Felsschluchten der „Kaisersäle“ – einmal über unschwierige, jedoch sehr glatte Blöcke – bis zum Aufschwung des Äußeren Ostgipfels. Man folgt der an der Nordseite verlaufenden Drahtseilsicherung (eine etwas luftige Stelle), gelangt auf den Grat und über eine Eisenbrücke zum Kreuz.
Abstieg: Wie Aufstieg

Kampenwand-Überschreitung: Übergang vom Hauptgipfel zum östlichen Vorgipfel.

7 Kampenwand (1668 m), Kleine Überschreitung

Dauer: *Etwa 1 3/4 Std. vom Einstieg.*
Anforderung: *Teilweise anregende Kletterei an festem Fels. Die schwierigen Kampenwandzacken Gmelchturm und Teufelsturm werden bei der Kleinen Überschreitung nordseitig umgangen.*
III- (zwei Stellen), überwiegend II. An den Standplätzen DAV-Klebehaken. Auch einige Normalhaken stecken, darüber hinaus gibt es mehrfach Möglichkeiten zum Legen von Sicherungsschlingen oder Klemmkeilen. Kletterlänge ohne Gehgelände etwa 250 m.

Kaisersäle.

Wie an den Ruchenköpfen (siehe Seite 99) gibt es auch an der Kampenwand eine voralpine Felstour mit nur wenigen Dreierstellen, die sich unter umsichtiger Führung ideal für Kletterneulinge eignet.

Von der Kampenwandhütte nordwestlich auf Steig über den Grashang hinauf und durch Latschen zum Felsfuß des Kampenwand-Westgipfels.

Von der eisernen Höhenmarke über Schrofen links empor, durch ein

Schartl und rechts aufwärts zu einem Absatz. Von dort gerade, dann etwas links durch einen Riss hinauf (30 m, II) und mit leichter Kletterei (I) über die einzelnen Gratabsätze zum **Westgipfel.**

Jetzt erst über ein scharfes Gratstück, dann knapp rechts des Grates deutlichen Steigspuren folgend (einmal kurze Kletterstelle) in die Scharte vor dem Gmelchturm. Hier nach Norden hinaus, auf einem Band schräg nach links hinab und den Steig- und Kletterspuren folgend unterhalb von Gmelch- und Teufelsturm queren (eine plattige Unterbrechungsstelle II) bis vor den Abbruch in die Schlucht zwischen Teufelsturm und Hauptgipfel. Jetzt auf einer Seitengratrippe links (nördlich) hinab, dann nach rechts in einen Kamin. Im Kamingrund zunächst wenig schwierig absteigen (I) und über eine etwa 5 m hohe Wandstufe (III-) an guten Griffen in den Boden der Schlucht.

In der Schlucht wenige Meter hinab, dann über eine flachgriffige Wandstufe (III-) rechts empor auf das nördlich unterhalb des Hauptgipfels durchführende Plattenband. Diesem folgt man (Haken), bis etwas links der Falllinie des Hauptgipfels eine gut gestufte, oben steile Rinne auf den Grat führt. In der Rinne empor (II) und nach rechts über den Grat ohne Schwierigkeiten zum **Kampenwand-Hauptgipfel.**

Jetzt östlich wieder über den Grat zurück und zu einer 4 m hohen, etwas glatten Platte, mit der der Hauptgipfel gegen den östlichen Vorgipfel abbricht. An guten Griffen nahe der linken Kante hinab (II) und auf den Vorgipfel. Östlich an festem Fels

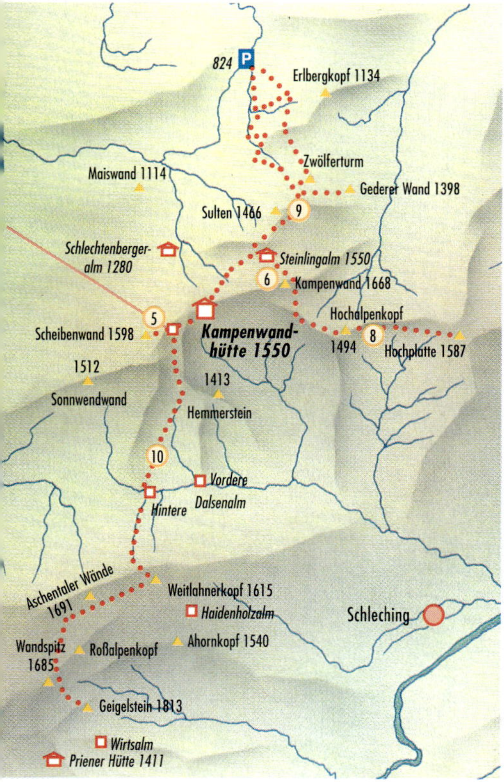

bereits oberhalb des Tals der Tiroler Achen erhebt.

Von der Kampenwandhütte zur Steinlingalm und dem unterhalb des Ostteils der Kampenwand schräg aufwärts führenden Weg folgen. Man erreicht eine Scharte zwischen dem kreuzgeschmückten **Äußeren Ostgipfel** und dem **Äußersten Ostgipfel** der Kampenwand. Drüben am Felssteig abwärts ins (eine kurze Rinne II) zur Schlechinger Scharte hinunter.

Nun entweder wie auf Seite 130 beschrieben auf den Äußeren Ostgipfel. Oder gleich hinunter zur Brotzeit an der Steinlingalm.

8 Hochplatte (1587 m)

Dauer: *Etwa 2 Std.*

Anforderung: *Markiert. Trittsicherheit ist notwendig. Für Kinder ab etwa 10 Jahren geeignet.*

Der Gratweg von der Kampenwand zur Hochplatte ist der landschaftlich anregendste Zugang zu diesem schöngeformten Gipfel, der sich

unschwierige Gelände.

(Hierher auch direkt vom **Äußeren Ostgipfel:** Kurz auf dem Anstiegsweg – siehe Seite 131 – zurück und noch vor der drahtseilgesicherten Querung im Abstiegssinn rechts an Sicherungen über ein Wandl hinab. Weiter steil südseitig absteigen, bis man auf den von der Steinlingalm kommenden Steig trifft.)

Nun ein gutes Stück in Südostrichtung abwärts, südseitig um den **Hochalpenkopf** (1494 m) herum und nahezu eben östlich bis zur Piesenhauser Hochalm. Man befindet sich nun unmittelbar vor dem steilen

Wiesenhang der Hochplatte. Auf schmalem Steig über die Hänge hinauf bis zu einem Weidezaun und rechts durch steile Latschengassen zum höchsten Punkt mit Kreuz.
Rückweg zur Kampenwandhütte: Am besten auf dem gleichen Weg. 2 Std.

9 Gederer Wand (1398 m)

Dauer: *Gut 1 1/2 Std.*
Anforderung: *Teilweise markiert. Für den evtl. Abstieg vom Roßboden nach Norden sind Trittsicherheit und – an einer Stelle – Klettergewandtheit notwendig.*

i

Klettersteig-Sicherheitsausrüstung

- Brust-/Sitzgurt-Kombination oder Komplettgurt
- Seilstück mit 3,50 m Länge
- Seilstück („Seilring") für das Einknüpfen der Klettersteig-Seilbremsplatte
- Klettersteig-Seilbremsplatte
- zwei Spezial-Klettersteigkarabiner

Im Sportartikel-Fachhandel gibt es sogenannte „Klettersteig-Sets".

Zusätzlich sollte man klettersteiggeeignete Handschuhe (am besten dünne, griffige Lederhandschuhe) und einen Steinschlagschutzhelm tragen.

Die Gederer Wand steht der Kampenwand nordöstlich vorgelagert. Von Norden gesehen wirkt sie etwas düster. Dieser abweisende Eindruck wird durch den kühn aufragenden Zwölferturm noch verstärkt.

Von der Kampenwandhütte zur Steinlingalm und am Osthang des Sultens hinab zum Roßboden (siehe Seite 128). Von dort in Ostrichtung auf undeutlichem Steig immer südlich unterhalb des Gratverlaufs zuerst nahe dem schon bald sichtbaren Kreuz des Zwölferturms vorbei (dieser kann vom Hauptmassiv aus nicht erstiegen werden; er ist von ihm durch einen tiefen Spalt getrennt) und in eine Scharte hinunter. (Schöner Blick auf den Turm!) Aufwärts bis in Gratnähe und weiter nach Osten queren bis unter den Gipfel der Gederer Wand, den man über einen latschenbewachsenen Hang erreicht.
Abstieg: Zurück zum Roßboden und über die Steinlingalm wieder zur Kampenwandhütte. Etwa 1 1/2 Std.

Die Nordwand des Zwölferturms.

Oder (etwas Klettergewandtheit erforderlich; nur bei trockenem Wetter empfehlenswert): Vom Roßboden nördlich auf markierten Steigspuren zu einem kleinen Kamin, durch den man hinuntersteigt (I, abgegriffener Fels). Dann östlich auf schmalem, teilweise etwas ausgesetztem Steiglein durch Wald und bis fast zum Sockel des Zwölferturms hinunter. Unterhalb seiner Nordwand über ein steiles Geröllfeld in den Wald, wo man wieder auf den markierten Steig trifft. Auf ihm in Kehren abwärts. Er mündet in eine moorige Wiese, über die man einen Fahrweg wenig westlich der Maureralm erreicht. Auf diesem in westlicher Richtung zum Weg Aigen – Steinlingalm (siehe Seite 128).

10 Geigelstein (1813 m)

Aufstiegszeit: *1/4 Std. vom Joch zwischen Roßalpenkopf und Wandspitz.*

Anforderung: *Markiert. Trittsicherheit schadet nichts.*

Vom Joch (siehe Seite 130) südöstlich auf schrofigem Weg in Kehren durch Latschen zum Gipfel.

Abstieg: Kurz auf dem Anstiegsweg zurück, dann auf Steig links (westlich) hinunter in die Mulde unterhalb des Wandspitz, wo man auf den zur Priener Hütte führenden Weg trifft.

Oder vom Geigelsteingipfel steil südwestlich mit Kehren über einen erosionsgeschädigten Hang hinunter (auf dem Weg bleiben; Versuchsgelände für eine Wiederbegrünung!) und auf teilweise schmalem, latschenverwachsenem Gratweg in den Sattel zwischen Geigel- und **Breitenstein** (1661 m; kann in wenigen Minuten „mitgenommen" werden). Von dort auf etwas exponiertem Steig westlich abwärts. Man wandert durch kleine Felskulissen und erreicht ebenfalls die Priener Hütte.
Etwa 50 Min. vom Geigelstein.

14 Winklmooshütte (1160 m)

Die Winklmooshütte wurde 1927 erbaut. Bereits 1934 sind in ihr elektrisches Licht und eine Wasserleitung installiert worden. Zwischen 1963 und 1965 erfolgte eine größere Modernisierung dieses besonders im Winter beliebten Stützpunktes.

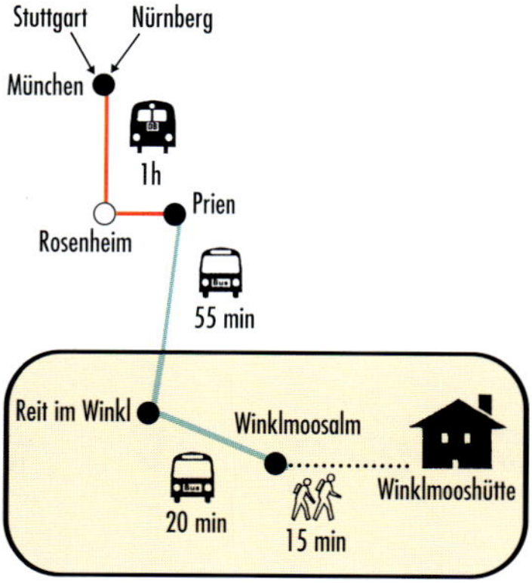

Die Hütte steht am nördlichen Rand der Winklmoosalm. Sie eignet sich als Ausgangspunkt für Bergwanderungen im Dürrnbachhorn-/Wildalphorn-/Steinplattengebiet ebenso wie fürs Unkener Heutal, für eine Wanderung oder für eine Skitour aufs Sonntagshorn oder aufs Dürrnbachhorn. Im Winter liegen das beliebte Pistenskigebiet Kammerköhr-Steinplatte und die Winklmoos-Langlaufloipen unmittelbar vor der Haustür'. In der näheren Hüttenumgebung befinden sich etliche Gasthäuser.

Zugang

1 Von Winklmoos
Dauer: *1/4 Std.*
Vom großen Parkplatz der Winklmoosalm geht man auf der Straße nach Norden in Richtung Dürrnbachhornbahn. Nach der großen Bundeswehrhütte (links) steht rechts die Winklmooshütte.
Mountainbiker werden ab Seegatterl zur Winklmooshütte fahren.

Übergänge

2 Von der Winklmoos- über die Obere Hemmersuppenalm (etwa 1240 m) zum Straubinger Haus
Dauer: *Etwa 4 Std.*
Anforderung: *Markiert. Unschwierige Wanderung.*
Vom Augustinerwirt im Süden der Winklmoosalm an der Schlepplift-Talstation vorbei zur Roßhütte. Weiter der in Richtung Seegatterl beschilderten Forstraße folgen. Vom Abzweig nach Seegatterl geradeaus weiter.

Straubinger Haus mit Wildem Kaiser.

14 Winklmooshütte

Für Mitglieder der Sektion München und für Plus-Mitglieder zugängliche Selbstversorgerhütte

Talort: Seegatterl (763 m), an der B 305 (Deutsche Alpenstraße) etwa 5 km von Reit im Winkl auf der Strecke nach Ruhpolding gelegen.
Anfahrt: Es besteht eine Busverbindung vom Bahnhof Prien nach Reit im Winkl. Weiter per RVO-Bus nach Seegatterl und auf die Winklmoosalm. Mit dem Kfz fährt man auf der A 8 (Autobahn München – Salzburg) bis Ausfahrt Bernau/Grassau und über Marquartstein, Unter- und Oberwössen nach Reit im Winkl und Seegatterl (Großparkplatz). Während der Sommersaison (April/Mai bis Oktober/November) kann man gegen Gebühr per Kfz bis zur Winklmoosalm fahren. Im Winter (Oktober/November bis April/Mai) ist die Straße für den Individualverkehr gesperrt. Dann Busverbindung ab Reit im Winkl und Seegatterl.
Zugänglich: ganzjährig.
Schlafplätze: 30.
Raumaufteilung: Lager.
Sanitäre Einrichtungen: WC und getrennte Damen- und Herren-Waschräume.
Sonstige Einrichtungen: Kachelofen im Aufenthaltsraum, Herd für Holz- und Kohlenfeuerung in der Küche, 220-V-Stromanschluss.
Reservierung und Schlüssel: Nur für Mitglieder der Sektion München (und *Plus*-Mitglieder) über die Service-Stelle.
Eignung für Familien: Die vollkommen ungefährliche Hüttenumgebung ist für Familienaufenthalte mit Kindern ideal geeignet.
Karten: Topogr. Karte Chiemsee und Umgebung sowie Topogr. Karte Berchtesgadener Alpen, jeweils 1:50000.

Man quert die Skiabfahrt. Bald darauf mündet von rechts herauf (Seegatterl) eine Forststraße ein. Bei einer Kehre nicht auf dieser, sondern geradeaus weiter bis unter die Eibenstock-Diensthütte (1176 m). Jetzt nicht südlich in Richtung Steinplatte-Wirtshaus gehen, sondern dem Weg nach rechts folgen, der an den Nordhängen des Eibenstocks – einmal einen Graben querend – über die Pflegereck-Diensthütte bequem zur Oberen Hemmersuppenalm (etwa 1240 m) leitet. Nun südlich über die Wiesen in einen Sattel. Von dort am Fuß des Eggenalmkogels südwestlich entlang zum auf österreichischem Boden stehenden **Straubinger Haus** (1551 m, DAV-Sektion Straubing, bewirtschaftet von Mitte Mai bis Anfang November, in den Weihnachtsferien und – ohne Übernachtungsmöglichkeit – von Mitte Februar bis Mitte März, 100 Schlafplätze, Tel. 00 43-53 75/64 29).

3 Von der Winklmooshütte auf dem „Landweg" ins Heutal

Dauer: *Etwa 1 1/2 Std. (Ca. 3 Std. hin und zurück.)*
Anforderung: *Markiert (Weg Nr. 16). Einfacher Spaziergang.*
Der Weg beginnt südlich der Winklmoosalm-Gast- und Unterkunftshäuser. Eine Forststraße führt über die österreichische Grenze nach Osten. Dort wo sie nach Süden abzweigt, beginnt der bequeme „Landweg", der nördlich des Fischbachs nahezu eben, zuletzt über den Herbstkaser abwärts zum Heutaler Hof (968 m) führt.

Bei einem Ausflug ins Heutal sollte man unbedingt den kleinen Abstecher zum Staubfall machen: Man geht vom Heutaler Hof (Wegmarkierungen Nr. 18 und 3) nördlich auf schönem Fußweg zur Landesgrenze. Nach insgesamt gut einem Kilometer öffnet sich plötzlich die Schlucht und der Blick auf den **Staubfall,** hinter dem sich der Wanderweg ins Fischbachtal herumwindet. Kinder werden begeistert hinter dem Wasserschleier stehenbleiben, schauen und staunen. Doch sollten die Eltern gut auf die Sprösslinge aufpassen, da der an sich ungefährliche Steig durch senkrechtes Felsgelände verläuft (siehe Foto).

Gipfeltouren

Dürrnbachhorn (1776 m)

Das Dürrnbachhorn ist der Hausberg der Winklmooshütte. Wenngleich mit einem Sessellift erschlossen (ausschließlich Sommer-/Herbstbetrieb!), bietet es doch eine herrliche Aussicht und eröffnet mit dem Gratübergang zum Wildalphorn eine lohnende Bergtour. Im Winter wird das Dürrnbachhorn nur mit Tourenski begangen.

4 Von der Sessellift-Bergstation (1593 m)

Dauer: *Knapp 1/2 Std.*
Anforderung: *Markiert. Unschwieriger Bergsteig. Auch für kleinere Kinder geeignet.*

Dürrnbachhorngipfel; im Hintergrund das Kaisergebirge.

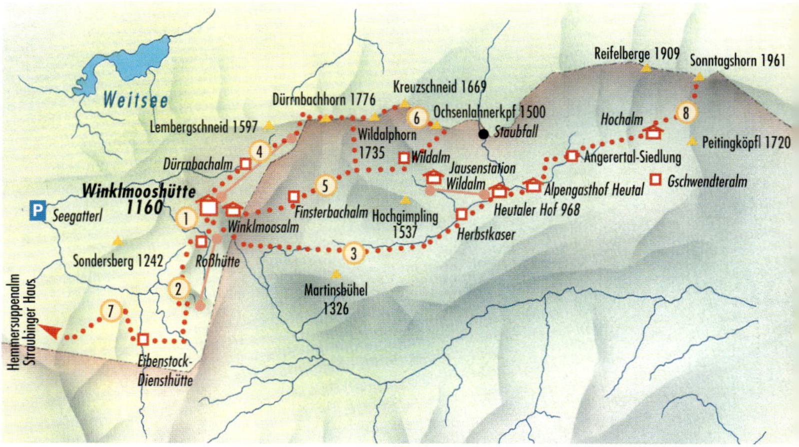

Am besten von Winklmoos mit dem Sessellift zur Bergstation. (Zu Fuß ab Talstation über die Dürrnbachalm hierher – Almstraße und markierter Steig – in 1 ½ Std.) Von dort auf einem Steig durch Latschen zum Gipfelgrat und zum höchsten Punkt.
Abstieg: Zurück zur Bergstation und mit dem Lift talwärts. Oder zu Fuß über die Dürrnbachalm zur Winklmooshütte zurück. Etwa 1 ¼ Std. Eine weitere Abstiegsmöglichkeit führt über die Finsterbachalm (s.u.). Etwa 1 ½ Std.

5 Von Winklmoos über die Finsterbachalm

Dauer: *Etwa 2 ½ Std.*
Anforderung: *Teilweise markiert.*

Schöne Bergwanderung. Am Grat zwischen Wildalphorn und Dürrnbachhorn ist Trittsicherheit erforderlich. Für Kinder ab etwa 10 Jahren geeignet.

Von der Straße zur Dürrnbachalm zweigt wenig oberhalb der Sessellift-Talstation das Almsträßchen zur Finsterbachalm ab. Auf ihm in Ostrichtung mäßig steigend dorthin. Weiter nordöstlich auf Steig zum Kammverlauf Hochgimpling – Dürrnbachhorn und in Nordrichtung auf den Grat zwischen Wildalp- und Dürrnbachhorn empor. Jetzt westlich dem Grat folgend auf dieses.
Abstieg: Wie Aufstieg. Oder vom Gipfel nach Westen zur Sesselbahn-Bergstation und mit dem Lift, oder zu Fuß über die Dürrnbachalm zurück.

Am Grat zwischen Dürrnbach- und Wildalphorn.

6 Übergang zum Wildalphorn (1735 m)

Dauer: *Etwa 1 Std.*

Anforderung: *Sehr schöner Gratübergang, der jedoch absolute Trittsicherheit fordert (Steilabstürze nach Norden).*

Man folgt dem am Kamm verlaufenden Steig nach Osten bis zum Wildalphorn.

Abstiege: Entweder auf dem Kamm zurück und über die Finsterbachalm nach Winklmoos (siehe Seite 139). Oder (wenig begangen) vom Gipfel dem Grat nach Osten bis zur Kreuzschneid, dann dem kleinen Kammsteig rechts (südöstlich) durch Latschen bis zum **Ochsenlahnerkopf** (1500 m) folgen. Von dort südlich abwärts zur Baumgrenze, dann weglos in Südwestrichtung zu den Hütten der Wildalm, wo man auf den vom Heutal zum Dürrnbachhorn führenden Weg trifft. Auf ihm über den Riegerkaser (1374 m) westlich hinauf zum Kamm, wo der zur Finsterbachalm führende Weg erreicht wird. Über ihn zurück zur Winklmooshütte.

7 Fellhorn (1765 m)

Dauer: *Etwa 4 1/2 Std. von der Winklmooshütte.*

Anforderung: *Markiert. Unschwierige Bergwanderung, die Ausdauer verlangt. Für Kinder ab etwa 10 Jahren geeignet.*

Das aussichtsreiche Fellhorn steht nicht im unmittelbaren Tourengebiet der Winklmooshütte. Zustieg, Aufstieg und Rückweg summieren sich daher zu einer ausgedehnten Tagestour.

Sonntagshorn-Ausblick gegen Loferer Steinberge. Bild rechts: Vorderlahnerkopf und Schwarzlahner (Reifelberge) vom Sonntagshorn.

Wie auf Seite 136 beschrieben zum Straubinger Haus. Etwa 4 Std. Von dort auf dem nicht zu verfehlenden Weg am Fellhorn-Westhang aufwärts zur Hochfläche und in Südrichtung zum steil abfallenden Gipfel.

Abstieg und Rückweg: Auf der gleichen Route. Etwa 3 1/2 Std.

Auch der höchste Gipfel der Chiemgauer Alpen steht etwas weit von der Winklmooshütte entfernt. Doch ist's ins Heutal, dem eigentlichen Ausgangspunkt, nur ein bequemer Spaziergang (siehe Seite 138). Danach läßt sich das Sonntagshorn noch gut „packen".

8 Sonntagshorn (1961 m)

Dauer: *Etwa 5 Std.*

Anforderung: *Markiert (Weg Nr. 19). Unschwierige Bergwanderung, die Ausdauer verlangt. Für Kinder ab etwa 10 Jahren geeignet.*

Vom Heutaler Hof geht man auf der Straße nordöstlich zum Heutalbauern. Weiter auf der Fahrstraße in Nordrichtung, bis bei einer Kehre der Wanderweg östlich abzweigt. Man folgt ihm, an der Angerertal-Siedlung vorüber, durch das zwischen Reifelbergen und

Auf unbewirtschafteten Selbstversorgerhütten

- sich ins Hüttenbuch eintragen
- Hüttenordung genau beachten
- Inventar pfleglichst behandeln (Geschirrtücher und Spülmittel mitbringen)
- Taschenlampen verwenden (offenes Licht in Schlafräumen ist streng verboten)
- nur im Hüttenschlafsack übernachten
- Rauchverbot beachten

Hunde dürfen nicht auf unbewirtschaftete Hütten!

Peitingköpfl eingeschnittene Tal bis zur Hochalm. Auf der von rechts heraufführenden Straße an den Almhütten vorbei, dann wieder auf Weg Nr. 19 über Wiesen nordöstlich, anschließend steil über einen baumbestandenen Hang empor und auf die latschenbewachsenen Sonntagshorn-Südhänge. In Kehren hinauf zum Gipfelkreuz.
Abstieg: Auf der Anstiegsroute. 1 3/4 Std. bis zum Heutaler Hof, 3 Std. bis zur Winklmooshütte.

Das Toureninfo auf der Winklmooshütte enthält noch ein paar weitere Sommertouren.

Skitouren

Man muß ab Winklmooshütte ein bisschen Aufwand treiben, um an die beliebten, recht netten Skitouren Wildalphorn, Sonntagshorn und Peitingköpfl heranzukommen. Aber es lohnt sich.

9 Dürrnbachhorn (1776 m)
Aufstiegszeit: *Knapp 2 Std.*
Von der Hütte durch die steile Mulde, an der Dürrnbachalm vorbei, zur Sessellift-Bergstation. Weiter über den Rücken nördlich aufwärts und am Grat zum Gipfel.
Abfahrt: Auf der Anstiegsroute.

10 Wildalphorn (1735 m)
Aufstiegszeit: *Etwa 1 1/4 Std.*
Anforderung: *Nur wirklich guten Skitourengehern zu empfehlen.*
Das Wildalphorn läßt sich ideal mit dem Dürrnbachhorn kombinieren: Vom Gipfel auf dem Grat ostwärts, bis man auf einem Rücken in Südrichtung abfahren kann. Links zum Riegerkaser (1374 m) und weiter zur Wildalm (1300 m) hinunter. Nun rechts auf dem vom Gipfelkamm herabziehenden Rücken empor und nach links zum Wildalphorn.
Abfahrt: Auf der Anstiegsroute zur Wildalm. Von dort Gegenanstieg (1 1/2 Std.) zum Dürrnbachhorn und Abfahrt zur Winklmooshütte.

11 Sonntagshorn (1961 m)
Aufstiegszeit: *Ab Heutal ca. 3 1/4 Std.*

Prächtiger Hochwintertag am Sonntagshorn.

Von der Alm rechts ab und durch ein kurzes Waldstück zum Beginn des Nordwesthangs (Almhütte, 1544 m). Über diesen mit Kehren auf ein Plateau und nach links (Nordosten) zum Gipfel. Etwa 2 Std. ab Heutal.
Abfahrt: Auf der Anstiegsroute.
Rückkehr zur Winklmooshütte: Entweder in etwa 1 1/2 Std. über den „Landweg" (Skiwanderung). Oder in etwa 2 1/4 Std. mit Aufstieg über die Wildalm (dorthin aus dem Heutal Schlepplift; Zeitersparnis etwa 1 Std.) zum Dürrnbachhorn (siehe Seite 142) und Abfahrt von dort zur Winklmooshütte.

Man geht auf dem „Landweg" in etwa 1 1/4 Std. ins Heutal und zum Heutalbauern (siehe Seite 138).
Nun über eine flache Wiese zum Beginn eines Holzschlags. Über ihn aufwärts und durch ein kurzes Waldstück auf eine Forststraße. Von dort nach rechts hinauf (Skimarkierung) und über eine Lichtung auf eine weitere Forstraße, der man über die Gschwendteralm (1323 m) und flach taleinwärts zur Hochalm folgt. In Nordostrichtung über die freien Hänge der Hochalm und durch eine wenig bewaldete Mulde zum Beginn des Sonntagshorn-Südhangs.
Über diesen in Kehren zum Gipfel.
Abfahrt: Auf der Anstiegsroute.

Ab Gschwendteralm läßt sich auch das **Peitingköpfl** (1720 m) ersteigen:

i

Vor Verlassen der Hütte

- Herd- und Ofenfeuer löschen
- Aschekästen entleeren
- Anfeuerholz und Kohlen für die nächsten Besucher bereitlegen
- saubermachen
- Wasserhähne zudrehen
- Licht ausmachen
- Fenster, Fensterläden, Türen nach den auf der Hütte aushängenden Anweisungen sorgfältig schließen
- sämtliche Abfälle mit ins Tal nehmen

H

15 Watzmannhaus (1930 m)

Auf dem Falzköpfl, dem nördlichen Ausläufer des Watzmanns, wurde 1887/88 die erste gemauerte Hütte erstellt. Erweiterungen und Anbauten erfolgten 1894, 1908 bis 1911 und 1925. Die Solarmodule auf dem Dach des trutzigen Hauses beeinträchtigen sein Erscheinungsbild nur wenig. Das große Schutzhaus dient in erster Linie für eine Ersteigung oder eine Überschreitung des Watzmanns. Doch lassen sich auch die Klettertouren an der Watzmann-Hocheck-Ostwand oder die beliebte „Wiederroute“ an der - Mittelspitze-Ostwand gut ab Watzmannhaus angehen, zumal es – nach gelungener Kletterei – unmittelbar an der Abstiegsroute steht.

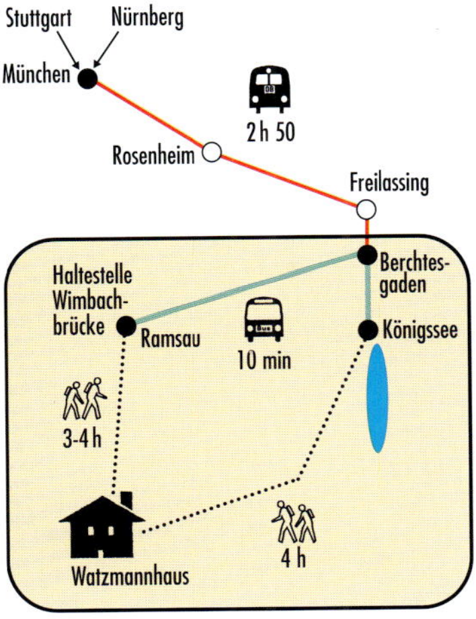

Übrigens hatte das Haus von 1888 bis 1905 einen prominenten Hüttenwirt: Johann Grill, nach seinem Hausnamen „Kederbacher“ genannt; den Erstbegeher der großen Bartholomäwand – eben der Watzmann-Ostwand. Grill ist zu einer Symbolfigur für seine Berchtesgadener Heimat geworden.

Zugänge

1 Von der Wimbachbrücke über Stuben-, Mitterkaser- und Falzalm

Aufstiegszeit: *3 1/2 bis 4 Std.*
Anforderung: *Markiert (AV-Weg Nr. 441). Problemloser, wenn auch etwas anstrengender Wanderweg. Für ausdauernde Kinder ab etwa 10 Jahren geeignet.*

Vom großen Parkplatz südlich, dann (eindeutige Beschilderung) über den Wimbach und der Forststraße in Südrichtung aufwärts folgen. Dort wo sich die Straße nach Osten wendet,

15 Watzmannhaus

Allgemein zugängliche, bewirtschaftete Hütte mit nur für DAV-Mitglieder nutzbarem Selbstversorgerraum

Talort: Berchtesgaden (572 m).
Anfahrt: Berchtesgaden ist Bahnstation. Ab Bahnhof Busverbindung nach Ramsau/Wimbachbrücke (634 m), dem Hauptausgangspunkt fürs Watzmannhaus. Die Anfahrt mit dem Kfz erfolgt über die A 8 (München – Salzburg) bis Ausfahrt Bad Reichenhall und über die B 20 und die B 305 zur Wimbachbrücke (Großparkplatz mit Parkscheinautomat). Oder man wählt die Ausfahrt Traunstein/Siegsdorf und fährt auf der B 305 (Deutsche Alpenstraße) über Inzell, Schneizlreuth und Schwarzbachwacht nach Ramsau/Wimbachbrücke. Auch der evtl. Ausgangsort Königssee (602 m) wird mit dem RVO-Bus ab Berchtesgaden-Bahnhof über die B 20 erreicht. Der Parkplatz beim Gasthaus „Hammerstiel" (etwa 740 m) wird über Oberschönau angefahren.
Telefon/Fax Hütte: 0 86 52/96 42 22.
Telefon Tal: 0 86 52/6 14 30.
Fax Tal: 0 86 52/65 75 23.
Bewirtschaftet: Mitte Mai bis Mitte Oktober (witterungsabhängig).
Schlafplätze: 180.
Raumaufteilung: Räume mit zwei, vier und sechs Bettlagern sowie Matratzenlager von sechs bis 36 Schlafplätzen
Winterraum: Der Winterraum im Beihäusl mit 10 bis 15 Schlafplätzen ist außerhalb der Bewirtschaftungszeit unversperrt. Sonst dient er, nach Meldung beim Pächter, für DAV-Mitglieder als Selbstversorgerraum. Er ist mit Solarlicht, Ofen, Brennmaterial und Getränken ausgestattet.
Sanitäre Einrichtungen: Waschräume für Damen und Herren getrennt, WC.
Sonstige Einrichtungen: Trockenraum.
Eignung für Familien: Die westseitige Hüttenumgebung birgt keine Gefahren, d.h., Kinder können dort wunderbar spielen.
Karte: Topogr. Karte Nationalpark Berchtesgaden, 1:25000.

zweigt der Watzmannhausweg rechts ab und führt mit weiten Kehren hinauf zur Stubenalm. Etwa 1 1/2 Std. Von dort über die Mitterkaser-Diensthütte zur Mitterkaseralm (Sommerwirtschaft; bereits schöner Blick auf den Kleinen Watzmann). Der Weg wird zum Steig und leitet in vielen Kehren zur herrlich gelegenen Falzalm hinauf. Knapp 1 1/2 Std. Nun mit Kehren am Osthang des Falzköpfls empor zum Watzmannhaus.

Wimbachklamm.

2 Variante durch die Wimbachklamm

Dauer: *Insgesamt etwa 3/4 Std. länger, jedoch eindrucksvoller Auftakt des Watzmannhausanstiegs.* Besonders die Kinder werden von den „Wasserspielen" in der prächtigen Wimbachklamm begeistert sein.

Wie oben beschrieben vom Parkplatz

südlich, dann aber nicht über den Wimbach, sondern den Bez. „Wimbachgrieshütte/Wimbachklamm" folgen. Auf Teersträßchen aufwärts, bis der Weg zur Wimbachklamm (Ww.) nach links abwärts führt. Hinter dem Kassenhäuschen auf guten Holzstegen durch die beeindruckende Klamm. Nach ihrem Ende Wegverzweigung. Man überquert den Bach und steigt in Ostrichtung empor zum üblichen Watzmannhausweg, auf den man noch im Bereich der Forststraße trifft.

3 Von Hammerstiel über die Schapbach-Holzstube

Aufstiegszeit: *3 ½ bis 4 Std.*

Anforderung: *Markiert (AV-Wege Nr. 444/441). Problemlos.*

Von Hammerstiel den Bez. „Kührointhütte/Watzmannhaus" folgen. Die Forststraße führt durch Wald erst in Südwestrichtung, dann oberhalb des Schapbachs in Südostrichtung hinauf zur weiß gemauerten Schapbach-Holzstube. Von dort westlich ab und dem AV-Weg Nr. 444 zur Stubenalm folgen. Etwa 1 ½ Std. Jetzt weiter wie auf Seite 146 beschrieben.

4 Von Königssee über Klingeralm, Kührointhütte (1420 m) und Falzsteig

Aufstiegszeit: *4 bis 4 ½ Std.*

Anforderung: *Markiert (AV-Wege Nr. 443/442/441). Im oberen Teil landschaftlich prächtig.*

Für ausdauernde Kinder ab etwa 10 Jahren geeignet.
Dieser Anstieg bietet einen herrlichen Einblick in das herbschöne Watzmannkar mit den Watzmannkindern und der grandiosen Westwand des Kleinen Watzmanns.

Vom Großparkplatz in Königssee zur Königsseer Ache, über die Brücke und an Bauernhöfen vorbei in Westrichtung aufwärts zu einem Fahrweg. Man folgt ihm in Kehren (die Abzweigung zum Grünstein bleibt rechts), passiert die Klingeralm und geht auf dem Ziehweg weiter, bis er in eine breite Forststraße mündet. Dort rechts (westlich) ab und dem AV-Weg Nr. 443 folgen, der die Forststraße noch einmal überquert. Weiter durch Wald aufwärts zur **Kührointhütte** (1420 m, privat, bewirtschaftet von Anfang Juni bis Anfang Oktober, 19 Schlafplätze, Tel. 0 86 52/73 39 (oder 01 71/3 50 98 66 im Tal). 2 bis 2 ½ Std.

Ab hier folgt man der Bez. „Watzmannhaus“ (AV-Weg Nr. 442). Der Weg führt in Westrichtung zum Wasserbehälter (dort Abzweigung des Pfades zum Kleinen Watzmann) und unterhalb der Schwelle des Watzmannkars durch lichten Lärchenbestand hinüber ins freie Gelände unter den Felsausläufern des Watzmann-Hochecks. Über sie führt der gut gesicherte Falzsteig interessant und aussichtsreich empor zum üblichen Hüttenanstieg, den man etwas oberhalb der Falzalm erreicht.

Watzmannhaus mit Hocheck.

Übergang

5 Vom Watzmannhaus über die Kührointhütte (1420 m) und den Rinnkendlsteig nach St. Bartholomä

Dauer: *Etwa 3 Std.*

Anforderung: *Markiert. Teilweise gesicherter Steig. Trittsicherheit und Schwindelfreiheit sind unbedingt erforderlich! Steinschlaggefahr durch höher oben Steigende.*

Der Rinnkendlsteig ist eine landschaftlich großartige Route nach St. Bartholomä mit wundervollen Ausblicken auf den Königssee.

Vom Watzmannhaus hinunter in Richtung Falzalm, auf dem Falzsteig abwärts und dem links in umgekehrter Richtung beschriebenen Weg zur Kührointhütte folgen. Von dort geht

man auf dem AV-Weg Nr. 443 in Südrichtung gemächlich abwärts, quert eine Forststraße und gelangt zur Abzweigung des zur Archenkanzel führenden Weges. Nun rechts (westlich) ab und etwa 100 Höhenmeter empor. Danach zieht sich der Steig teilweise ausgesetzt (Sicherungen; herrliche Tiefblicke auf den Königssee) an der Ostflanke des Mooslahnerkopfes entlang und führt dann mit vielen Kehren (immer wieder gesicherte Felsstufen) steil östlich abwärts nach St. Bartholomä (623 m) am Königssee.

Im Aufstieg ist der Rinnkendlsteig zwar anstrengender, jedoch – da man nicht den fortwährenden Tiefblick zu ertragen hat – einfacher zu bewältigen. (Etwa 5 Std.)

Gipfeltouren

6 Watzmann-Hocheck (2651 m)

Aufstiegszeit: *2 1/2 Std.*

Anforderung: *Markiert. Stellenweise Sicherungen. Trittsicherheit und Schwindelfreiheit sind notwendig. Für geübte, größere Kinder ab etwa 10/12 Jahren machbar.*

Das Hocheck ist der am einfachsten ersteigbare Watzmanngipfel.

Vom Watzmannhaus erst noch wenig steil in Südwestrichtung aufwärts, dann mit Kehren auf schrofigem Steig bis unter die Hocheck-Schulter. Ein Steilaufschwung („Hochstieg") wird an Sicherungen

Am Watzmanngrat; hinten die Mittelspitze.

überwunden. Danach immer westlich der Gratlinie über Schrofen und Geröll, zuletzt steil aufwärts zum Hocheck mit schönem Kreuz und kleiner Unterstandshütte.
Abstieg: Auf der gleichen Route. Etwa 1 1/2 Std.

7 Vom Watzmann-Hocheck über die -Mittelspitze (2713 m) zur -Südspitze (2712 m)

Dauer: *Etwa 3 Std. vom Hocheck.*
Anforderung: *Markiert. Großartige Gratüberschreitung, die nur bei bestem Wetter und schnee-/eisfreiem Fels unternommen werden sollte. Trittsicherheit, Schwindelfreiheit und etwas Klettergewandtheit sind notwendig. Längere Strecken Schwierigkeitsgrad I, ansonsten Sicherungen. Gratlänge vom Hocheck bis zur Südspitze etwa 1 1/2 km.*

Watzmann-Südspitze mit Oberem Schönfeld und Schönfeld. Kleines Bild: Königssee mit St. Bartholomä von der Südspitze.

Vom Watzmanngrat schwärmem viele Bergsteiger. Er ist eine ebenso schöne wie anspruchsvolle Unternehmung, die – besonders in Verbindung mit dem Abstieg ins Wimbachgries – nicht unterschätzt werden darf.

An der Unterstandshütte vorbei und mit Hilfe von Sicherungen über eine glatte Stelle hinab. Weiter meist auf der westlichen Gratseite bis vor den Steilaufschwung der Mittelspitze. Auf einer Plattenrampe (Sicherungen) zum höchsten Watzmanngipfel. Etwa 1 Std. vom Hocheck.

Von der Mittelspitze folgt man den Markierungen und den Sicherungen bis zum tiefsten Punkt des

Verbindungsgrates. (Der Abstieg durch einen kurzen Kamin fordert kräftiges Zupacken!) Ein größerer Grataufschwung wird westlich umgangen, dann führt die Route an die Ostseite und man steigt kurzzeitig unmittelbar über dem Abgrund der Ostwand dahin. Kurz über den luftigen Grat und zuletzt wieder auf der Westseite zur Südspitze mit Kreuz und kleiner Glocke.
Etwa 2 Std. von der Mittelspitze.

8 Abstieg zur Wimbachgrieshütte (1327 m) und durchs Wimbachtal zurück zur Wimbachbrücke

Dauer: *4 1/2 bis 5 Std.*
Anforderung: *Sehr gut markiert. Trittsicherheit, Schwindelfreiheit, Klettergewandtheit und bis zum letzten Meter Konzentration fordernder Abstieg. Bei Nebel im Geröll (oder Schnee) des Oberen Schönfelds schwierige Orientierung. Längere Passagen im Schwierigkeitsgrad I und gesicherte Stellen. Teilweise erhebliche Steinschlaggefahr durch höher oben Steigende.*
Es ist dies der schnellste Abstieg von der Watzmann-Südspitze ins Tal. Besonders bei drohendem Gewitter oder Schlechtwettereinbruch sollte keinesfalls über den exponierten Watzmanngrat zurückgegangen, sondern allemal zur Wimbachgrieshütte abgestiegen werden.

Von der Watzmann-Südspitze genau südlich am und neben dem Grat abwärts (gesicherte Stellen). Aus der (im Abstiegssinn) zweiten Gratscharte leiten die guten Markierungen nach rechts hinunter. Durch geröllerfüllte Rinnen und über gesicherte Absätze auf den Schutt des Oberen Schönfelds. Den Steigspuren folgend abwärts. (Bei Nebel gut aufpassen!) Dann deutlich oberhalb der Steilabbrüche nach links (südlich) und über Geröll und einfach zu begehende Schrofen hinunter, bis das Gelände wieder steiler wird. Über gesicherte Steilstufen und Rinnen in die Grasmulde des Schönfelds (2060 m) hinab. Von dort in Südrichtung durch einen Graben hinunter. Danach quert man kleinsplittrige Hänge und folgt den deutlichen Steigspuren durch sehr steile, beidseits von Latschen bewachsene Gräben und Rinnen abwärts (Drahtseilsicherungen) zum Grund des hintersten Wimbachtals. Jetzt dem nahezu ebenen Weg in Nordwestrichtung entlang bis zur **Wimbachgrieshütte** (1327 m, Touristenverein Die Naturfreunde, bewirtschaftet von Mai bis Ende Oktober, 84 Schlafplätze, Tel. 0 86 57/3 44). 2 1/2 bis 3 Std.

Von hier wären die Übergänge über den Trischübelpass (1774 m) und das Hundstodgatterl (2188 m) zum Ingolstädter Haus (2119 m, etwa 4 Std.) oder zum Kärlingerhaus (1630 m, etwa 4 Std.) möglich.

Ab Wimbachgrieshütte folgt man dem bequemen Wanderweg erst nahe der Watzmannhänge, später einen breiten Geröllstrom querend nordwärts bis zum **Wimbachschloss** (937 m, Sommerwirtschaft). Nun etwas steiler talauswärts zur Wimbachbrücke.

Watzmannstock von Norden; rechts das Hocheck mit der Watzmanngrube (ganz rechts).

Skitour

Das Watzmann-Hocheck, eine der anspruchsvollsten (Frühjahrs)Skitouren in den Nördlichen Kalkalpen, kann – wenngleich üblicherweise vom Tal über die Gugel aufgestiegen wird – auch vom Watzmannhaus, evtl. nach Übernachtung im Winterraum, angegangen werden. So oder so fordert diese Tour in ihrem oberen Teil sicheres Beherrschen der Ski sowohl im Aufstieg als auch bei der Abfahrt (Absturzgelände!), beste Kondition sowie absolut lawinensichere Verhältnisse.

9 Watzmann-Hocheck (2651 m)
Aufstiegszeit: *6 bis 6 1/2 Std.*

Von Hammerstiel zum Watzmannhaus: Wie auf Seite 147 beschrieben zur Stubenalm. Weiter auf dem Sommerweg über die Mitterkaser- zur Falzalm. Auf den letzten 100 Metern zur Schutzhütte dann nicht links hinaus in die Scharte, sondern gerade aufwärts zum Gratrücken (Drahtseile). Etwa 3 1/2 Std.

Vom Watzmannhaus zum Hocheck: Auf der Sommerroute die Ski bis über die „Hochstieg" (siehe Seite 149) tragen. Danach mit Fellen weiter. Auf dem meist schneefreien Gipfelgratrücken werden die Ski wieder getragen. 2 1/2 bis 3 Std.

Abfahrt: Man fährt am besten ziemlich genau in Nordrichtung, also etwa in der Mitte der breiten Gipfelflanke – dort wo sie am wenigsten von Felsstufen durchsetzt ist –, ab. Dann quert man in respektvollem Abstand zu den Abbrüchen in die Watzmanngrube schräg nach links (nordwestlich), bis man – dort wo die Flanke in einen gratartigen Rücken übergeht – nach rechts (südöstlich) in das Untere Band ein- und in die Watzmanngrube hinunterfahren kann. Aus dieser fährt man gerade durch einen flachen Graben zwischen Gugel und Watzmannhaus (links Felsrippen), dann rechtshaltend (nordöstlich) steiler zur Grubenalm ab. Von dort auf dem Ziehweg gerade, dann rechts abwärts zum Watzmannhausweg (man wird die Ski meist tragen müssen) und weiter zur Stubenalm.

Wichtiger Hinweis: Die Bänder oberhalb der Watzmanngrube sind vom Watzmannhaus gut einzusehen. Bei idealen Schneeverhältnissen fahren sehr gute Skiläufer auch über das 35 bis 40° steile oberste (Erste) Band direkt in die Watzmanngrube ab.

i

Allgemein zugängliche AV-Hütten

stehen allen Bergfreunden zur Verfügung. Alpenvereinsmitglieder haben gegenüber Nichtmitgliedern jedoch eine Reihe von Vorteilen:

- Vorrechte bei der Schlafplatzzuteilung
- geringere Übernachtungsgebühren
- Anrecht auf Teewasser und Bergsteigeressen zu vom DAV festgesetzten Vorzugspreisen

Übernachtungen in AV-Hütten sind nur mit Schlafsack gestattet. Leichte Hüttenschlafsäcke können in der Service-Stelle der DAV-Sektion München sowie auf den bewirtschafteten Hütten gekauft werden.

Lassen Sie sich immer Übernachtungsbelege geben. Ohne mit Datum entwertetem Beleg haben Sie keinen Versicherungsschutz.

Winterräume sind, wenn nicht anders angegeben, nur für AV-Mitglieder mit AV-Schlüssel (kann in der Service-Stelle ausgeliehen werden) zugänglich.

16 Dr.-Erich-Berger-Hütte

(1340 m)

Die ehemalige Marchbachjochhütte (auch Markbachjochhütte) – sie wurde zu Ehren des 1994 verstorbenen, langjährigen Ersten Vorsitzenden der Sektion München, Dr. Erich Berger, umbenannt –, steht etwas westlich unterhalb des Marchbachjochs, des bekannten Pistenskiberges der Wildschönau in den Kitzbüheler Alpen. Die Sektion erwarb die Hütte 1928. Damals war das Marchbachjoch noch ausschließlich Skitourengebiet. Heutzutage eröffnet die Dr.-Erich-Berger-Hütte den raschen Zugang zu den großenteils rassigen Skipisten, doch dient sie auch als Stützpunkt für die nach wie vor beliebten Skitourenberge Feldalphorn, Schwaiberghorn und Breitegg. Diese bieten während der schneefreien Zeit nette Wanderziele.

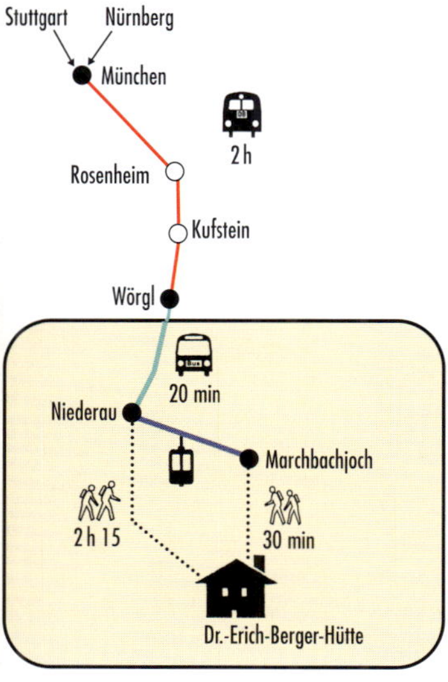

Die Marchbachjochhütte, die von 1945 bis 1951 unter der treuhänderischen Verwaltung des OeAV stand (der Deutsche Alpenverein war – als nationalsozialistisch geführter Verein – von den Alliierten verboten worden), wurde nach Wiederinbesitznahme durch die Sektion München von der Ortsgruppe Wörgl des österreichischen Bergrettungsdienstes provisorisch bewohnbar gemacht. Ab 1955 versuchte man durch Renovierungen und Verbesserungen die Bausubstanz zu erhalten, doch 1983 war der Abbruch der alten Hütte unumgänglich geworden. Noch im gleichen Jahr stand bereits der Ersatzbau.

Sommerzugänge

1 Von der Bergstation der Marchbachjoch-Gondelbahn (etwa 1430 m)

Dauer: *1/2 Std.*

Anforderung: *Weißblau markiert, AV-Wegweiser. Problemlos.*

Von der Bergstation westlich an der Marchbachjochalm vorbei zum AV-Wegweiser. Nun der weißblauen Markierung südlich an einigen Hütten vorüber folgen und (unbedingt!) auf dem Fahrweg abwärts zur Hütte gehen.

16 Dr.-Erich-Berger-Hütte

Für Mitglieder der Sektion München und für* Plus*-Mitglieder zugängliche Selbstversorgerhütte

Talorte: Hopfgarten (622 m) im Brixental oder Niederau (824 m) in der Wildschönau.

Anfahrt: Hopfgarten ist zwar Bahnstation, doch kann man von dort nach Penningberg nicht mit öffentlichen Verkehrsmitteln fahren. Wählt man sie, fährt man am besten mit dem Zug nach Wörgl und weiter mit dem Bus nach Niederau. Mit dem Kfz fährt man auf der Inntalautobahn bis Ausfahrt Wörgl-Ost, von dort bis Wörgl und auf der Wildschönaustraße (deutlicher Wegweiser) nach Niederau. Oder man fährt ab Wörgl-Ost in Richtung St. Johann, biegt nach 5 km in Richtung Brixental ab und erreicht Hopfgarten. Dort nach der Bahnunterführung geradeaus über eine Brücke, links in Richtung Kelchsau und nach 100 m rechts in Richtung Penningberg. Nach etwa 5 km zweigt nach rechts der Aschbergweg (beschildert) ab. Nun sind es noch etwa 2 km bis zum beschilderten AV-Parkplatz. (Abstellmöglichkeit für sieben bis acht Pkw; nur in der schneefreien Zeit benutzbar.)

Zugänglich: ganzjährig.

Schlafplätze: 22.

Raumaufteilung: zwei Räume mit jeweils 6 Lagern, zwei Räume mit jeweils 5 Lagern, 2 Notlager.

Sanitäre Einrichtungen: beheizbare, für Damen und Herren getrennte Sanitärräume; Dusche, WC.

Sonstige Einrichtungen: 220-V-Stromanschluss; komplett eingerichtete Küche mit großem Kühlschrank und Ofen, Trockenraum, großer Grill vor dem Haus.

Reservierung und Schlüssel: Nur für Mitglieder der Sektion München (und *Plus*-Mitglieder) über die Service-Stelle.

Eignung für Familien: Die Dr.-Erich-Berger-Hütte steht in einem Almgebiet und ist für Familien mit Kindern ein idealer Wochenend- und Urlaubsstützpunkt.

Gepäcktransport: derzeit unklar – Lösung bis Herbst erwartet; bitte vor Antritt der Tour telefonische Rücksprache mit dem Hüttenreferenten: 0 81 42/40 860 oder 0172/834 51 27.

Karte: AV-Karte Kitzbüheler Alpen Westliches Blatt, Wegmarkierung und/oder Skirouten, jeweils 1:50000. (Die Dr.-Erich-Berger-Hütte ist dort als Münchner Hütte bezeichnet.)

2 Von Niederau über die Anton-Graf-Hütte (1367 m)

Dauer: *2 1/4 Std.*
Anforderung: *Markiert. Problemlos.*
Von Niederau westlich in Richtung Oberau bis zum Weiler Wildenbach (841 m). Von dort auf bez. Weg südlich in den Wald. In Kehren, später an einem Rücken aufwärts zur **Anton-Graf-Hütte** (1367 m, Touristenverein Die Naturfreunde, ganzjährig bewirtschaftet, 70 Schlafplätze, Tel. 00 43-53 39/83 14). Nun östlich und südöstlich über Almweiden bequem hinauf zum Kamm des Marchbachjochs, wo man auf einen AV-Wegweiser trifft. Ihm folgt man, wie auf Seite 156 beschrieben, abwärts (weißblaue Markierung) zur Dr.-Erich-Berger-Hütte.

3 Vom AV-Parkplatz am Penningberg über Aschberg (1149 m)

Dauer: *40 Min.*
Anforderung: *Weißblau markiert. Problemlos.*
Vom Parkplatz in Westrichtung zum Weiler Aschberg und am Rieplhof (Hofer, weißes Mauerwerk) vorbei zu einer Schranke (links der Marchtlbauer, ein Holzhaus). Hinter der Schranke der Almstraße noch ein Stück in Westrichtung, dann der weißblauen Markierung rechts hinauf folgen zur Dr.-Erich-Berger-Hütte.

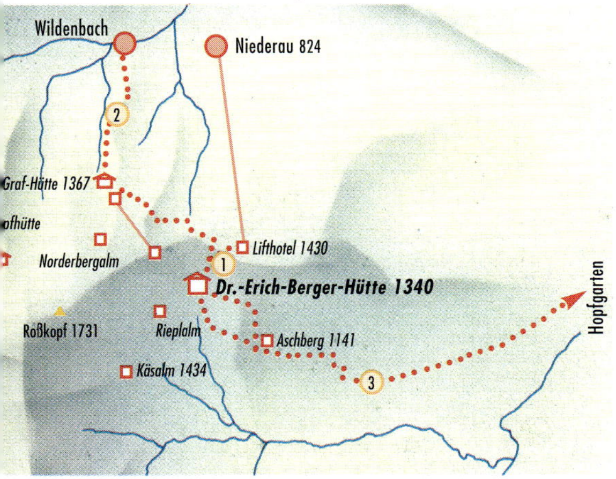

Die Strecke Hopfgarten – Aschberg ist mit dem Mountainbike gut zu befahren. Ab Aschberg bis zur Hütte noch kein Fahrrecht.

Winterzugang

4 Von der Bergstation der Marchbachjoch-Gondelbahn (etwa 1430 m)
Dauer: *1/2 Std.*
Anforderung: *Weißblau markiert. Problemlos.*
Wegbeschreibung siehe Seite 156.

Die Abfahrt mit Ski ist erst nach dem Waldstück ab der weißen Privathütte gestattet. Beim Heustadel oberhalb der Dr.-Erich-Berger-Hütte ist von Oktober bis Mai der Zaun auf etwa 30 m Länge niedergelegt.

(Der Zugang über Aschberg ist, wenn am Aschbergweg kein Schnee liegt, auch im Winter möglich.)

Gipfeltouren

5 Marchbachjoch (1498 m), Rundwanderungen
Dauer: *Jeweils etwa gut 2 Std.*
Anforderung: *Markiert. Vollkommen unschwierige Bergspaziergänge. Auch mit kleineren Kindern zu machen.*
Von der Dr.-Erich-Berger-Hütte zur Rieplalm und von dort auf dem weißblau markierten Weg zum Marchbachjoch. Etwa 1/2 Std. An der bewirtschafteten Marchbachjochalm, am Hotel „Berglift" und an der Gondelbahn-Bergstation vorbei zum Berggasthaus „Rübezahl". Von dort südöstlich abwärts zum Kropfrader und über Aschberg (siehe Seite 157) zur Hütte zurück.

Oder vom Marchbachjoch über den auf Seite 157 in Aufstiegsrichtung beschriebenen Weg zur Anton-Graf-Hütte. Von dort links (südlich) zur **Norderbergalm** (Sommerwirtschaft, empfehlenswert) und hinauf zum Halsgatterl (1562 m) zwischen Roßkopf und Lanerköpfl. Jenseits über den Wiesenhang hinunter, schräg nach links zur Rieplalm und zurück zur Dr.-Erich-Berger-Hütte.

6 Roßkopf (1731 m)
Dauer: *Etwa 1 Std.*
Anforderung: *Markiert. Unschwierige Bergwanderung. Auch mit kleineren Kindern möglich.*

Roßkopfgipfel; im Hintergrund der Pölven.

Der Roßkopf ist ein lohnender Aussichtberg.

Von der Dr.-Erich-Berger-Hütte zur Rieplalm. Von dort etwa 50 m rechts hinauf zu weißblauem Ww.
Nun links in Richtung Käsalm (auf der AV-Karte Holzalm). Nach einem Gatter schräg über die Wiese empor zum Halsgatterl (siehe Seite 158) und links zum Roßkopf.
Abstieg: Auf der gleichen Route. 40 Min.

7 Roßkopf (1731 m), Umrundung

Dauer: *3 bis 4 Std.*
Anforderung: *Teilweise markiert. Unschwierige, aussichtsreiche Bergwanderung. Für Kinder ab etwa 8 Jahren möglich.*
Von der Dr.-Erich-Berger-Hütte über die Riepl- zur Käsalm (auf der AV-Karte Holzalm, 1438 m) und weiter zur Horlerstiege (1475 m, Kapelle). Dort rechts über den Weiderost. Nach 20 m rechts auf den Almweg und im Bogen westlich – an einer privaten Almhütte vorbei – zur **Roßkopfhütte** (1490 m, nur im Sommer geöffnet).

Ab dort direkter Aufstieg zum Roßkopf (3/4 Std.) möglich. Oder man geht auf dem Weg zu ihm nur etwa 50 m bis zum Ww. Dort links durch Wald und Bacheinschnitte querend, an einer Privatalm vorbei, zur Norderbergalm (siehe Seite 158). Nun an einer Kapelle vorüber zur Bergstation des Einzelsessellifts. Weiter zum Marchbachjoch und beim AV-Wegweiser wieder zurück zur Dr.-Erich-Berger-Hütte.

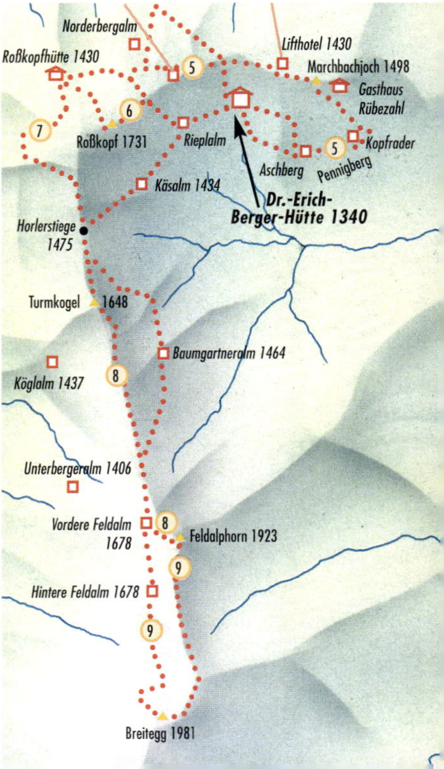

8 Feldalphorn (1923 m)

Aufstiegszeit: *Etwa 2 1/2 Std.*
Anforderung: *Markiert. Unschwierige Bergwanderung. Für Kinder ab etwa 8 Jahren möglich.*

Das Feldalphorn ist als sehr lohnender Aussichtsgipfel bekannt.

Von der Dr.-Erich-Berger-Hütte wie auf Seite 159 beschrieben zur Horlerstiege (1475 m). Von dort folgt man der Almstraße in Südrichtung. Nach

Ausblick vom Turmkogel zum Mittermooserjoch; im Hintergrund die Hohe Salve.

etwa 50 m zweigt der Weg zum Turmkogel rechts ab (Beschilderung). Vom **Turmkogel** (1648 m) geht man auf dem ebenen Höhenrücken in Richtung Vordere Feldalm. Kurz davor trifft man auf eine Almstraße. Nach etwa 50 m kommt ein Gatter. Dahinter links ab (beschildert) und durch Wald, über einen Wiesenhang und am Grat zum Gipfel.

Abstieg: Entweder auf der Anstiegsroute. Oder vom Gipfel rechts (westlich) über das Plateau zur Vorderen Feldalm (etwa 1710 m, nicht bewirtschaftet). Von dort auf der Almstraße wieder auf den Kamm und der Zustiegsroute folgend über Turmkogel und Horlerstiege zurück zur Dr.-Erich-Berger-Hütte. Etwa 1 1/2 Std. (Man kann auch über die Almstraße zur Baumgartneralm, 1464 m, und von dort zur Horlerstiege gehen; etwas längerer Weg.)

9 Schwaiberghorn (1990 m) und Breitegg (1981 m)

Dauer: *Ab Feldalphorn etwa 1 Std. bis zum Schwaiberghorn, von dort etwa 3/4 Std. bis zum Breitegg. Von der Dr.-Erich-Berger-Hütte bis dorthin gut 4 Std.*
Anforderung: *Markiert. Unschwierige Bergwanderung, die jedoch – man denke an den Rückweg zur Dr.-Erich-*

Am Schwaiberghorn; im Mittelgrund links das Kragenjoch, rechts der Roßkopf. Ganz rechts das Feldalphorn.

Berger-Hütte – Ausdauer verlangt. Für Kinder ab etwa 10 Jahren möglich. Der Weiterweg vom Feldalphorn zum Schwaiberghorn und zum Breitegg wird als aussichtsreiche Kammwanderung gerne unternommen.

Von der Dr.-Erich-Berger-Hütte wie auf Seite 160 beschrieben zum Feldalphorn. Nun auf dem Kamm abwärts zu P. 1879 (AV-Karte)und hinauf zum Schwaiberghorn. Von dort über den Kamm in Südwestrichtung hinüber aufs Breitegg.

Abstieg: Entweder auf der Anstiegsroute. Gut 1 1/2 Std. bis zum Feldalphorn, etwa 3 Std. bis zur Dr.-Erich-Berger-Hütte.

Oder ab Breitegg rechts (nordwestlich) am Rücken abwärts und in Nordrichtung zur Hinteren Feldalm (1678 m). Weiter zur Vorderen Feldalm und wie auf Seite 160 beschrieben zurück zur Dr.-Erich-Berger-Hütte. Etwa 2 3/4 Std.

Skitouren

Bei den ab der Dr.-Erich-Berger-Hütte möglichen Skitouren lassen sich für die Rückkehr dorthin die Marchbachjoch-Aufstiegshilfen ideal nutzen. Die Tourenpalette reicht vom einfachen Lanerköpfl über die relativ anspruchsvolle Skiwanderung der Roßkopf-Umrundung und die beachtliche, wenn auch technisch einfache Feldalphorn-Skitour bis zu den rassigen Skibergsteiger-Zielen Schwaiberghorn und Breitegg.

10 Lanerköpfl (etwa 1580 m)

Aufstiegszeit: *Etwa 1 Std.*

Von der Dr.-Erich-Berger-Hütte zur Rieplalm. Dort rechts hinauf und ab weißblauem Ww. (siehe Seite 159) links in Richtung Käsalm (auf der AV-Karte Holzalm). Nach dem Zaun schräg über den Hang aufwärts zum Halsgatterl (1562 m) zwischen Roßkopf und Lanerköpfl, und rechts auf dieses.

Abfahrt: Tourenabfahrt mit anschließendem, kurzen Aufstieg zur Anton-Graf-Hütte (1367 m, siehe Seite 157). Von dort Abfahrt ins Tal. Oder mit dem Schlepplift hinauf, Abfahrt zum Marchbachjoch und auf dem Winterweg (siehe Seite 158) zurück zur Dr.-Erich-Berger-Hütte.

11 Roßkopf (1731 m)

Aufstiegszeit: *Etwa 1 1/2 Std.*

Wie oben beschrieben ins Halsgatterl und links zum Roßkopf.

Abfahrt: Vom Gipfelkreuz nach rechts (links Lawinengefahr!). Man hält sich an den rechten Waldrand, fährt über Almen ab und passiert einen Bacheinschnitt. Danach links – wenn nicht gesperrt! – Talabfahrt (Katzenberg) möglich. Oder man erreicht rechts mit kurzem Anstieg die Anton-Graf-Hütte. Von dort weiter wie auf Seite 161 beschrieben.

Feldalphorn-Gipfel; gegenüber Lodron und Steinbergstein, im Hintergrund links der Bildmitte das Kitzbüheler Horn. Kleines Bild: die Prädastenalm.

12 Roßkopf (1731 m), Umrundung

Gesamtzeit: *3 bis 4 Std. Ausreichende Schneelage erforderlich.*
Von der Dr.-Erich-Berger-Hütte wie auf Seite 159 beschrieben zur Horlerstiege (1475 m) und zur Roßkopfhütte (1490 m). Von dort etwa 50 m in Richtung Roßkopf, dann links (markiert) durch Wald und Bacheinschnitte querend bis zu einer Privatalm, wo man auf die Roßkopfabfahrt (siehe oben) trifft. Weiter wie dort.

13 Feldalphorn (1923 m)

Aufstiegszeit: *Etwa 3 Std.*
Von der Dr.-Erich-Berger-Hütte wie auf Seite 160 beschrieben auf den **Turmkogel** (1648 m) und dem ebenen Höhenrücken folgen, bis man nach rechts zur Vorderen Feldalm gelangen kann. Von dort rechts über das Plateau (meist gespurt; beliebter Aufstieg aus der Schwarzenau) zum Gipfel.
Abfahrt: Entlang der Aufstiegsspur zur Vorderen

Feldalm, dann links (westlich) über die Prädastenalm in die Schwarzenau (938 m) hinunterfahren. Von dort per Taxibus oder in 1/2 Std. zu Fuß nach Auffach (869 m). Nun mit dem Bus (gute Verbindung) nach Niederau und mit Hilfe der Marchbachjoch-Gondelbahn zur Hütte zurück.

14 Schwaiberghorn (1990 m)

Aufstiegszeit: *Etwa 4 Std.*

Wie auf Seite 162 beschrieben zur Vorderen Feldalm. Von dort zunächst in Richtung Feldalphorn, dann rechts abzweigen zum Verbindungsgrat zwischen Feldalp- und Schwaiberghorn und über ihn (hochalpin, bisweilen Wechten; evtl. Ski tragen!) auf dieses.

Abfahrt: Westlich steil über den Gipfelhang abwärts und an der Koberalm vorbei hinunter in die Schwarzenau.

15 Breitegg (1981 m)

Aufstiegszeit: *4 1/2 bis 5 Std.*

Vom Schwaiberghorn über den schmalen Grat (evtl. Ski tragen!) zum Breitegg (siehe Seite 161).

Abfahrt: Vom Gipfel kurz nach Süden in Richtung Wildkarspitze, dann rechts (westlich) über die schönen Hänge hinunter zur **Schönangeralm** (1173 m, privates Berggasthaus, ganzjährig bewirtschaftet, 16 Schlafplätze, Tel. 00 43-53 39/89 44). Von dort per Taxibus oder in 1/2 Std. zu Fuß auf der Straße hinunter in die Schwarzenau.

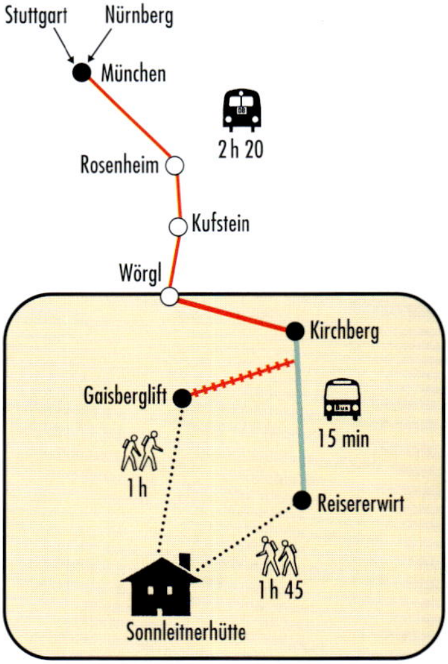

17 Sonnleitnerhütte (1532 m)

Die Sonnleitnerhütte steht auf dem Harlasanger des Gaisberg-Südhanges, am Rand eines Almdörfchens westlich oberhalb des Spertentals. 1924 wurde sie von der Sektion München gepachtet, 1934 ging sie in deren Eigentum über.

Nach Ende des Zweiten Weltkriegs fiel die Sonnleitnerhütte Plünderern zum Opfer. Nachdem der Deutsche Alpenverein von den Alliierten verboten worden war, kam die Hütte unter die Verwaltung der OeAV-Sektion Kufstein. Erst 1954 konnte die Sektion München die Sonnleitnerhütte wieder übernehmen, und 1955/56 wurden umfangreiche Sanierungsmaßnahmen an ihr durchgeführt.

Die Sonnleitnerhütte eröffnet Bergwanderfreunden wie auch Tourenskifahrern das reizvolle Gampenkogel-Brechhorn-Gebiet. 30 Meter von der Sonnleitnerhütte entfernt steht die **Kobingerhütte** (1504 m, privat, von Mai bis Oktober bew., Tel. 00 43-664/321 85 53.

Sommerzugänge

1 Von der Bergstation des Gaisberglifts (Gaisbergmoos, 1264 m) über die Bärstättalm (1452 m)

Dauer: *Etwa 1 Std.*

Anforderung: *Markiert. Problemlose Höhenwanderung.*

Der rascheste Zugang zur Sonnleitnerhütte. Er ist auch mit kleineren Kindern gut zu bewältigen.

Von der Sesselbahn-Bergstation in Südwestrichtung (Ww. Kobingerhütte) auf mäßig ansteigendem Höhenweg zur **Bärstättalm** (Gasthaus) und in gleicher Richtung weiter zur Kobinger- und zur Sonnleitnerhütte.

2 Vom Gasthaus Reiserer im Spertental

Dauer: *1 3/4 Std.*
Anforderung: *Markiert. Vollkommen unschwieriger, im unteren Teil etwas steiler Wanderweg. Für Kinder nahezu jeden Alters geeignet.*
Vom Reiserer führt der Weg (Ww. Kobingerhütte) in Westrichtung steil durch Wald, danach über Almweiden aufwärts zum Harlasanger mit den Hütten.

Winterzugang

3 Nur ab Gasthaus Reiserer wie oben beschrieben. Der Höhenweg über die Bärstättalm (siehe Seite 164) ist nicht lawinensicher.

Übergang

4 Von der Sonnleitnerhütte über die Streitschlagalm zum Brechhornhaus

Dauer: *Gut 1 1/2 Std.*
Anforderung: *Markiert. Vollkommen unschwierige Bergwanderung, die auch mit kleineren Kindern machbar ist.*
Vom Harlasanger dem in Südrichtung verlaufenden Wanderweg (Ww. Brechhornhaus/Wiegalm) folgen. Bei Wegverzweigung nicht geradeaus, sondern etwas rechts haltend weiter. (Ein nochmaliger Wegabzeig führt rasch zur **Wiegalm,** 1520 m, privat, von Mai bis Anfang Oktober bewirt-

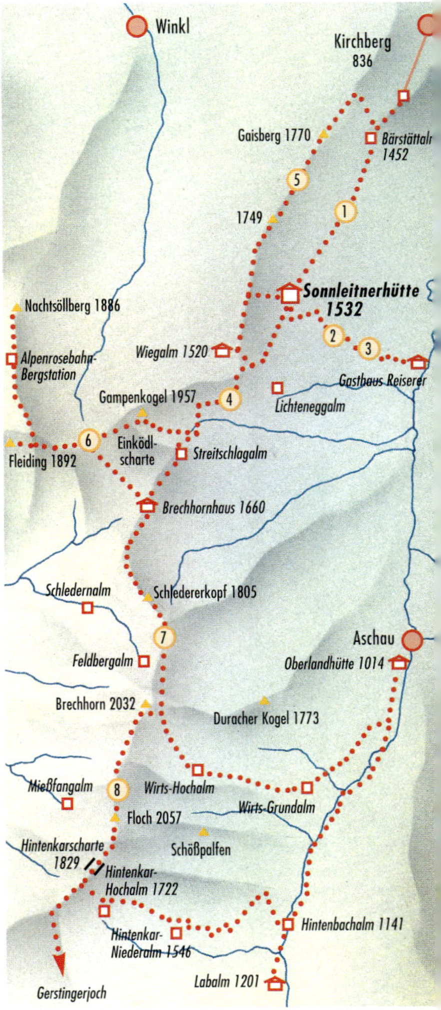

17 Sonnleitnerhütte

Für Mitglieder der Sektion München und für* Plus*-Mitglieder zugängliche Selbstversorgerhütte

Talort: Kirchberg/Tirol (838 m) im Brixental.
Anfahrt: Kirchberg ist Bahnstation. Von dort Busverbindung ins Spertental mit Haltestellen Gaisberglift-Talstation und Gasthaus Reiserer. Mit dem Kfz fährt man auf der Inntalautobahn bis Ausfahrt Kufstein-Süd und über Ellmau, Going, St. Johann und Kitzbühel (deutlich beschilderte Abzweigung ins Brixental nördlich der Stadt) nach Kirchberg. Oder man erreicht es ab Autobahnausfahrt Wörgl-Ost über Hopfgarten und Brixen im Thale.
Zugänglich: ganzjährig.
Schlafplätze: 15.
Raumaufteilung: ein Raum mit sieben bis acht Lagern, zwei Zimmer mit jeweils vier Bettenlagern, ein Zimmer mit zwei Bettenlagern
Sanitäre Einrichtungen: zwei Waschräume ohne fließendes Wasser, zwei „Plumpsklosetts".
Sonstige Einrichtungen: Öfen für Holzfeuerung, zweiflammige Gaskochstelle, Solarenergieanlage (nur für Hüttenbeleuchtung; dennoch Taschenlampe mitnehmen!).

Reservierung und Schlüssel: Nur für Mitglieder der Sektion München (und *Plus*-Mitglieder) über die Service-Stelle.
Gepäcktransport: Von Mai bis Oktober nach Vereinbarung mit dem Wirt der Kobingerhütte (Tel. 00 43-6 64/321 85 53).
Eignung für Familien: Die Sonnleitnerhütte samt ihrer Almumgebung ist ein idealer, kinderfreundlicher Familienstützpunkt.
Karte: AV-Karte Kitzbüheler Alpen Westliches Blatt, Wegmarkierungen und/ oder Skirouten, jeweils 1:50000.

schaftet, 25 Schlafplätze.) Der Weg quert die Ostflanke des Gampenkogels und führt an der Streitschlagalm vorbei in Südwestrichtung zum **Brechhornhaus** (1660 m, privat, bewirtschaftet von Mitte Dezember bis Ende Oktober, 50 Schlafplätze, Tel. 00 43-6 63/5 93 42).

Gipfeltouren

5 Gaisberg (1770 m)

Aufstiegszeit: *1 Std.*

Anforderung: *Markiert. Vollkommen unschwierige Bergwanderung, die auch mit kleineren Kindern ausgeführt werden kann.*

Der aussichtsreiche Gaisberg ist als Hausberg der Sonnleitnerhütte allemal einen Besuch wert.

Vom Harlasanger leitet in Westrichtung ein Steig auf den Gaisberg-Südrücken. Über ihn bequem zum höchsten Punkt (Südgipfel).

Abstiege: Entweder auf der Anstiegsroute. Oder man geht vom Süd- zum kreuzgeschmückten Nordgipfel hinüber und folgt dem am Nordostrücken verlaufenden Steig abwärts, der dann nach rechts zur Bärstättalm (1452 m) hinunterführt. Von dort wie auf Seite 164 beschrieben zurück zur Sonnleitnerhütte.

Eine weitere Abstiegsmöglichkeit wäre, über den gesamten Südrücken zur Wiegalm (1520 m, siehe Seite 165) hinunterzugehen und von dort zur Sonnleitnerhütte zurückzukehren.

6 Gampenkogel (1957 m)

Aufstiegszeit: *Etwa 2 Std.*

Anforderung: *Markiert. Unschwierige Bergwanderung, Trittsicherheit schadet an den teils steilen Grassteigen dennoch nichts. Für Kinder ab etwa 8 Jahren geeignet.*

Als markanter, allseits steil abfallender Graskegel steht der Gampenkogel bereits etwas abseits des Nachtsöllberg-Seilbahngebiets. Seine Ersteigung ist lohnend.

Von der Sonnleitnerhütte wie auf Seite 165 beschrieben die Ostflanke des Gampenkogels queren, bis – noch vor der Streitschlagalm – nach rechts hinauf ein schmaler Wiesen-

Unterm Gipfel des Gampenkogels; links hinten der Große Rettenstein.

steig abzweigt, auf dem man über den Südostrücken und zuletzt von Süden her das Gipfelkreuz erreicht.

Abstiege: Entweder auf dem Anstiegsweg. Etwa 1 1/4 Std. Oder vom Gipfel auf reizvollem, kleinem Steig nahe des Westsüdwestkammes im freien Gelände hinunter zur Einködlscharte (1700 m). Von dort südöstlich zum Brechhornhaus (1660 m) und dem auf Seite 166 in umgekehrter Richtung beschriebenen Weg über die Streitschlagalm zurück zur Sonnleitnerhütte folgen. Etwa 2 Std.

(Ab Einködlscharte könnte man auf nettem Höhenweg, der die Nordostflanke des Fleidings quert, die Höhningerscharte, 1723 m, und von dort auf einem Promenadeweg in insgesamt 40 Min. ab Einködlscharte die südlich unterhalb des Nachtsöllbergs stehende Bergstation der Alpenrose-Kabinenbahn erreichen. Von dort ist's auf den **Nachtsöllberg,** 1886 m, nur ein „Katzensprung". Und wer partout mehrere Gipfel sammeln möchte, steigt ab Höhningerscharte über den sehr steilen Nordrücken in 1/2 Std. auch noch auf den **Fleiding,** 1892 m.)

7 Brechhorn (2032 m)

Aufstiegszeit: *3 bis 3 1/2 Std.*
Anforderung: *Markiert. Unschwierige Bergwanderung. Für Kinder ab etwa 10 Jahren geeignet.*
Das Brechhorn ist der markanteste Gipfel des Windauer-Sperten-Kammes, der unmittelbar ab Sonnleitnerhütte erreicht werden kann. Die Aussicht vom Gipfel auf Zillertaler Alpen und Hohe Tauern, und vor allem auf den Großen Rettenstein, besticht.

Wie auf Seite 165 beschrieben zum Brechhornhaus (1660 m). Von dort südlich rasch hinab ins Kreuzjoch (1619 m). Jetzt über eine Steilstufe in Kehren empor auf den **Schledererkopf** (1802 m). Nun dem Kamm folgen. Der Steig führt zuletzt auf die Ostschulter des Brechhorns. Von dort rechts auf Steig etwas steil empor zum Gipfelkreuz.
Abstieg: Am besten auf der Anstiegsroute. 2 Std. Oder man folgt ab Ostschulter dem in Kehren nach Süden zur Wirts-Hochalm (1688 m) hinunter führenden Weg. Von dort geht man eine Weile am Bach entlang, überquert ihn und steigt in Ostrichtung wenig steil durch lichten Wald und im freien Gelände zum Wirts-Mitterleger (1454 m) hinab. Weiter durch Wald, dann kurz im freien Gelände zu einem Bachgraben, der gequert wird. (Hier exakt auf den Wegverlauf achten!) Im Wald und über einen steilen Wiesenhang abwärts zur Wirts-Grundalm. Von dort bequem hinunter zur

Ausblick vom Brechhorn auf Floch und Gerstingerjoch (im Mittelgrund); im Hintergrund Zillertaler Alpen (rechts) und Hohe Tauern (links).

Ebenaualm und auf die Untere-Grund-Straße, über die man rasch die **Oberlandhütte** (1014 m, DAV-Sektion Oberland, ganzjährig bewirtschaftet, jedoch ab Sonntag nach Ostern drei Wochen und im November drei Wochen geschlossen, 73 Schlafplätze, Tel. 00 43-53 57/81 13) und die Bushaltestelle in Aschau erreicht. 2 Std. vom Gipfel.

8 Floch (2057 m) und Gerstingerjoch (2037 m)

Dauer: *Insgesamt etwa 2 1/2 Std. ab Brechhorngipfel.*
Anforderung: *Nur Steigspuren. Schöner Gratübergang, der Trittsicherheit fordert. Nicht unmittelbar nach Regentagen begehen. Bei Nässe sind*

die teilweise steilen Graspassagen gefährlich.

Der Anstieg von der Sonnleitnerhütte über Brechhorn und Floch bis zum Gerstingerjoch mit anschließendem Abstieg nach Aschau bedeutet eine große Tour. Sie ist – mit Rückkehr vom Reiserer zur Hütte – eine überlange Tagesunternehmung. Am besten macht man sie als krönenden Abschluß eines mehrtägigen Hüttenaufenthalts, wenn man nicht mehr zur Sonnleitnerhütte zurück muss.

Von der Sonnleitnerhütte wie auf Seite 168 beschrieben auf das Brechhorn. Vom Gipfelkreuz südlich über den schmalen, grasigen Grat abwärts. Einen Gratkopf umgeht man auf kleinem Steig am steilen Grashang rechts (westlich) und gelangt in den Wiesensattel vor dem Floch. Diesen erreicht man über seinen steilen Nordkamm. 1 bis 1 1/4 Std. vom Brechhorn.

Vom Floch südlich auf dem gratartigen Kamm steil an Fels und Gras, danach Steigspuren folgend hinab in die **Hintenkarscharte,** 1829 m. (Von dort Abstieg über die Hintenkar-Hoch-, 1722 m, und die Hintenkar-Niederalm, 1546 m, in den Unteren Grund möglich. Man würde ihn beim Parkplatz unterhalb der Hintenbachalm, 1141 m, erreichen.) Ab dort folgt man dem Kamm in Südwestrichtung, umgeht einen Aufschwung rechts (Steigspuren) und gelangt wieder auf der Kammlinie über einige Höcker hinweg zum grasigen Vorgipfel. Weiter ohne Schwierigkeiten auf die Graskuppe des Gerstingerjochs und zum Gipfelkreuz. 1 1/4 bis 1 1/2 Std. vom Floch.

Abstieg: Vom Gipfel steil in Südrichtung abwärts und über einen schmalen Rücken auf eine Erhebung im Kamm. Weiter südlich über Schrofen und Gras in den Sattel zwischen Gerstingerjoch und **Kleinem Tanzkogel** (1974 m) und zur Haglanger-Hochalm hinunter. Von dort auf dem an der Ostflanke des Gerstingerjochs entlangführenden Weg hinunter zur Haglangeralm und der Almstraße abwärts folgen zur **Labalm** (1201 m, Sommerwirtschaft, privat, 26 Schlafplätze). Damit ist man praktisch schon im Unteren Grund. Auf der Straße an der Hintenbachalm (1141 m) vorbei talauswärts zur Oberlandhütte und nach Aschau. 2 1/2 bis 2 3/4 Std. vom Gerstingerjoch.

Brechhorn-Gipfelkreuz.

Skitouren

Gaisberg und Gampenkogel sind kurze, nette Skitourenziele, während das Brechhorn bei Tourenskifahrern altbekannt und sehr beliebt ist. Sämtliche Anstiege bzw. Abfahrten verlaufen an freien, teilweise steilen Hängen. Lawinensichere Verhältnisse und günstige Routenwahl sind also auch hier gefordert.

9 Gaisberg (1770)

Aufstiegszeit: *Etwa 1 Std.*

Von der Sonnleitnerhütte in Westrichtung auf den breiten Gaisberg-Südrücken hinauf. Dort anfangs flach empor. Die Steilstufe (P. 1749) wird tief links umgangen. Danach über die freien Hänge auf den Südgipfel.
Abfahrt: Entlang der Aufstiegsroute.

10 Gampenkogel (1957 m)

Aufstiegszeit: *Etwa 2 Std.*

Von der Sonnleitnerhütte grob dem Verlauf des Sommerweges (siehe Seite 165) oberhalb der Lichteneggalmen in weitem Bogen durch die Mulden der Wildfeldalm zur ausgeprägten Ostschulter des Gampenkogels folgen. Von dort quert man bis kurz vor die Streitschlagalm und steigt über die anfangs noch licht bewaldeten, dann freien Hänge steil zum höchsten Punkt.
Abfahrt: Entlang der Aufstiegsroute. Oder – empfehlenswert bei Firnschnee – man fährt über den steilen Südhang (teilweise Piste) zum Brechhornhaus ab und kehrt über die Streitschlagalm wieder zur Aufstiegsroute zurück.

11 Brechhorn (2032 m)

Aufstiegszeit: *Ab Brechhornhaus etwa 2 Std.*

Die Gampenkogel-Skitour ist nicht tagesfüllend. Deshalb bietet sich eine Kombination mit dem Brechhorn an.

Vom Brechhornhaus zum Kreuzjoch (1619 m) und südwestlich zur Schledernalm (1581 m) abfahren. Von dort in Südostrichtung Aufstieg zur Feldbergalm (1750 m). Weiter südöstlich über eine Stufe hinauf. Oberhalb der Breitlabalm mündet unser Anstieg in die von Aschau heraufführende Route. Die letzten 150 Höhenmeter geht's steil in Westrichtung empor zum Brechhorngipfel.

Abfahrt: Ostseitig über Breitlabalm, Duracher Kogel (1773 m) und Durachalm (1413 m) nach Aschau.

Der Große Rettenstein (hier der Blick vom Nordgipfel auf die Venedigergruppe) böte ab Oberlandhütte oder Hintenbachalm ein großartiges Tourenziel zum Abschluss eines Aufenthalts in der Sonnleitnerhütte.

HOHE TAUERN/GLOCKNERGRUPPE

18 Heinrich-Schwaiger-Haus (2802 m)

Die am Nordwesthang des Oberen Fochezkopfes stehende Schutzhütte, ein Stützpunkt insbesondere für die Ersteigung des Großen Wiesbachhorns in den Hohen Tauern, ist in der Chronik der Sektion München als das Lebenswerk Heinrich Schwaigers bezeichnet worden. Er war Seilermeister, bekannter Führerautor und Ausschussmitglied der Sektion und starb im August 1902 – einen Tag vor der Einweihung des Hauses – an einer Lungenentzündung. Die hatte er sich bei den letzten Vorbereitungen dort oben zugezogen.

Das Haus verdankt sein jetziges Aussehen dem grundlegenden Erweiterungsbau von 1962/63. Es ist für eine derart hochgelegene Schutzhütte ausgesprochen gemütlich. Das Große Wiesbachhorn, „einer der schönsten Ostalpenberge, Rivale des Großglockners“ (Hubert Peterka), steht auf der Tourenwunschliste der „bergsteigerisch geeichten“ Hüttengäste natürlich an erster Stelle. Aber auch die schönen Dreitausendergipfel Hinterer und Vorderer Bratschenkopf und Klockerin können vom Heinrich-Schwaiger-Haus erstiegen werden. Hinzu kommen die anspruchsvollen Gletscherübergänge zur Oberwalder- und zur Schwarzenberghütte.

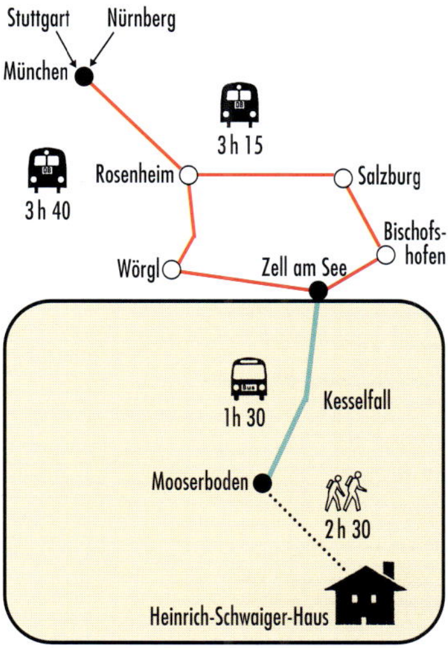

Moosersperre, Wasserfallboden und Kitzsteinhorn.

Zugang

(1) Von der Moosersperre (Restaurant „Heidnische Kirche“)

Dauer: *2 1/2 Std.*
Anforderung: *Markiert (AV-Weg Nr. 718). Bei* ***schneefreien*** *Verhältnissen unschwierige Bergwanderung; wenn der Weg verschneit bzw. vereist ist, können einige Stellen im Felsgelände unterhalb der Hütte heikel sein. (Wegverbesserung geplant) Für Jugendliche mit alpiner Basiserfahrung geeignet.*

Schon allein der Hüttenweg („Haushofer-Weg“) ist eine Wucht! Je höher man kommt, desto großartiger wird die Aussicht auf die Dreitausender Hohe Riffl, Hocheiser und Kitzsteinhorn.

Vom Restaurant „Heidnische Kirche“ über die Mooser- und die Drossensperre ans Ostufer des Mooserbodenstausees. Mit Kehren über eine kleine Steilstufe zu einer Wiesenmulde, wo bald der „Max-Hirschl-Weg“ (auch „Gleiwitzer Höhenweg“) zur Gleiwitzer Hütte abzweigt. Unser Anstieg quert den Hang schräg rechts aufwärts (eine kurze, drahtseilgesicherte Stelle) und führt dann in vielen Serpentinen südlich empor.
Schon hoch oben geht es über gesicherte Platten. Bald darauf leitet der Steig durch unschwieriges Felsgelände und rechts heraus zur Hütte, die am Rande eines Hochkars steht.

18 Heinrich-Schwaiger-Haus

Allgemein zugängliche, bewirtschaftete Hütte mit nur für DAV-Mitgliedern nutzbarem Selbstversorgerraum

Talort: Kaprun (786 m).
Anfahrt: Nächstgelegene Bahnstation ist Zell am See; von dort Busverbindung nach Kaprun und weiter bis zum Kesselfall-Alpenhaus (1033 m). Mit dem Kfz fährt man aus dem Münchner Raum auf der A 8 (München – Salzburg) bis Ausfahrt Traunstein/Siegsdorf und über Inzell, Schneizlreuth, Steinpass, Lofer, Saalfelden und Zell am See nach Kaprun. Oder man fährt auf der Inntalautobahn bis Ausfahrt Kufstein-Süd und über Ellmau, St. Johann, Kitzbühel, Pass Thurn, Mittersill und Niedernsill dorthin. Von Kaprun führt die Straße im Kapruner Tal einwärts bis zum Kesselfall-Alpenhaus. Besucher des Heinrich-Schwaiger-Hauses können ihr Fahrzeug auf dem Parkplatz **über** dem Gasthaus Kesselfall abstellen. Hierzu fährt man am Gasthaus vorbei zur Verkehrsampel vor der Brücke, dann über die Brücke und rechts auf den großen Parkplatz. Ab dort ist die Straße für Privatfahrzeuge gesperrt.
Zum Stausee Mooserboden: Ab Kesselfall-Alpenhaus führt eine Buslinie durch einen Tunnel zum Lärchwand-Schrägaufzug (Talstation 1209 m). Ab Bergstation (1640 m) gelangt man erneut mit einem Bus über die Mooserbodenstraße zur Moosersperre des Stausees (Restaurant „Heidnische Kirche", 2040 m).

Telefon Hütte: 00 43-65 47/86 62.
Telefon Tal (Kesselfall-Alpenhaus; ab Mitte Mai): 00 43-65 47/82 02.
Bewirtschaftet: 16. Juni bis Ende September.
Schlafplätze: 83.
Raumaufteilung: drei große Räume mit insgesamt 68 Matratzenlagern, drei Zimmer mit jeweils vier sowie ein Zimmer mit drei Bettenlagern.
Winterraum: Der Winterraum ist außerhalb der Bewirtschaftungszeit unversperrt, sonst als Selbstversorgerraum für DAV-Mitglieder mit Zustimmung des Pächters zugänglich, hat 12 Lager, eine Gas-Kochstelle, einen Gasofen sowie einen Ofen für Holzfeuerung.
Sanitäre Einrichtungen: getrennte Damen- und Herren-Waschräume mit fließendem, aber kaltem Wasser, WC.
Eignung für Familien: Für Familienaufenthalte mit Kindern eignet sich das Heinrich-Schwaiger-Haus im Grunde nicht. Der Hüttenaufstieg, das -umfeld und auch die Gipfeltouren sind für Kinder zu schwierig bzw. zu gefährlich. Für Jugendliche mit alpiner Basiserfahrung jedoch wird das Schutzhaus (und eventuell sogar das Große Wiesbachhorn) zum Erlebnis.
Gepäcktransport: nach Anmeldung beim Pächter mit dem Materialaufzug möglich.
Karten: AV-Karte Großglocknergruppe, 1:25000; Österr. Topogr. Karte Blatt 153 (Großglockner), 1:50000

Übergänge

2 Vom Heinrich-Schwaiger-Haus über Wielingerscharte (3265 m), Bratschenkopfscharte (3383 m), Klockerinsattel (3304 m), Gruberscharte (3092 m), Keilscharte (3220 m) und Bockkarscharte (3038 m) zur Oberwalderhütte

Dauer: *6 bis 7 Std.*
Anforderung: *Hochalpiner Übergang über spaltenreiche Gletscher. Nur bei besten Wetterverhältnissen ratsam. Das Beherrschen wenigstens einer effektiven Methode für das Bergen eines in eine Spalte Gestürzten ist unbedingt notwendig.*
Ausrüstung: *Anseilgurt (Komplettgurt oder Brust-/Sitzgurt-Kombination), Seil, Steigeisen, Eispickel, zwei Schraubkarabiner pro Bergsteiger, zwei Prusikschlingen.*

Großglockner (hinten); im Mittelgrund links die felsige Hohe Dock und rechts von ihr die Schneeflanke des Großen Bärenkopfs. Unterhalb von ihr verläuft die Route zur Keilschart

Auf dem Kaindlgrat.

Dieser Gang von Gletscher zu Gletscher, immer deutlich über 3000 Meter Höhe, gehört zu den eindrucksvollsten Hochtouren im Ostalpenraum.

Vom Heinrich-Schwaiger-Haus in Nordostrichtung auf Steig zu einer steilen, gut gestuften Felsrinne („Klamml"), die mit Hilfe eines straff gespannten Drahtseils erstiegen wird. Darüber rechts über Blöcke (Markierungen), unschwieriges Felsgelände und mit einer kurzen, seilgesicherten Querung zum **Unteren Fochezkopf** (3022 m). Weiter – je nach Jahreszeit über Schnee – zum **Oberen Fochezkopf** (3159 m). Dort beginnt der Kaindlgrat des Großen Wiesbachhorns. Man steigt rechts der Gratschneide an (nur im Frühsommer Schnee bis ca. 35 Grad Neigung) und geht noch vor dem Gipfelaufbau des Großen Wiesbachhorns nach rechts (südlich)

hinüber in die Wielingerscharte (3265 m; sie ist eigentlich ein weiter Sattel).

Von der Wielingerscharte rechts über Schutt und Felsen hinauf zur Nordschulter des Hinteren Bratschenkopfes. Von dort in Gratnähe steil auf Schnee oder Eis zum Gipfel, 3412 m. Nun südsüdöstlich zu P. 3404 – AV-Karte! – und auf dem Kamm hinunter in die Bratschenkopfscharte (3383 m). 2 1/2 Std.

Von der Bratschenkopfscharte über den Schneehang abwärts auf das Bratschenkopfkees und südwestlich in den Klockerinsattel (3304 m). Jetzt unterhalb des Klockerin-Südwestgipfels durch auf den Südkamm des Berges, über den man – oben recht steil und schmal – auf Schnee und Felsen in die Gruberscharte (3092 m) absteigt. (Etwas oberhalb von ihr passiert man die **ÖGV-Biwakschachtel,** 3100 m, OeAV-Sektion Österreichischer Gebirgsverein, immer offen, 9 Notlager.) Etwa 4 Std. ab Heinrich-Schwaiger-Haus.

Nun quert man das hier flache Östliche Bärenkopfkees nach Westen (Spalten; links oberhalb die Nordflanke des Großen Bärenkopfes), umgeht den Nordgrat des Großen-Bärenkopf-Westgipfels und erreicht – unterhalb der Bärenkopf-Westflanke ansteigend – über das Westliche Bärenkopfkees die Keilscharte (3220 m). Von dort in Südrichtung abwärts und über das Nördliche Bockkarkees (Spalten!) in die Bockkarscharte (3038 m) zwischen Eiswandbichl und Breitkopf. Südwestlich über das Südliche Bockkarkees („Wasserfallwinkel") hinüber zur Felseninsel des Großen Burgstalls mit der **Oberwalderhütte** (2973 m, OeAV-Sektion Austria, bewirtschaftet Pfingsten sowie Anfang Juni bis Ende September, 139 Schlafplätze, mit AV-Schlüssel zugänglicher Selbstversorgerraum mit 10 Lagern, Tel. 00 43-48 24/25 46).

Abstieg von der Oberwalderhütte zur Großglockner-Hochalpenstraße: Auf Steig in Kehren über die Ostflanke des Hohen Burgstalls hinunter auf den Gletscher und über ihn erst in Ostrichtung, dann südöstlich – zuletzt relativ steil – abwärts (Spalten, Markierungsstangen) gegen den Fuß der Fuscherkarkopf-Westflanke. Man gelangt in eine Moränenmulde. Aus ihr führt der „Gamsgrubenweg" – etwas oberhalb der **Hofmannshütte** (2444 m, Akademische Sektion Wien des OeAV, bewirtschaftet von Mitte Juni bis Anfang Oktober, 86 Schlafplätze, offener Selbstversorgerraum mit 20 Schlafplätzen, Tel. 00 43-48 24/25 75) vorbei – zum Parkplatz Freiwandeck auf der Franz-Josefs-Höhe (2418 m), dem Endpunkt der „Gletscherstraße" der Großglockner-Hochalpenstraße (Busstation). Etwa 2 Std.

3 Vom Heinrich-Schwaiger-Haus über Wielingerscharte (3265 m), Bratschenkopfscharte (3383 m), Klockerinsattel (3304 m), Gruberscharte (3092 m), Keilscharte, (3220 m) und Remsschartl (2671 m) zur Schwarzenberghütte

Dauer: *Etwa 8 Std.*

Anforderung: *Im Felsgelände markiert (AV-Weg Nr. 727). Hochalpiner Übergang über spaltenreiche Gletscher, der nur bei besten Wetterverhältnissen ratsam ist. Auf dem „Hohen Gang" Felsgelände teilweise I. Schwierigkeitsgrades; bei Schnee und/oder Vereisung nicht angenehm. Ausrüstung und Voraussetzungen siehe Seite 176.*

Bis in die Keilscharte ist dieser Übergang mit jenem zur Oberwalderhütte identisch. Ab Nördlichem Bockkarkees jedoch geht es in Ostrichtung unter die Hohe Dock und über das Felsband des „Hohen Ganges" ins Remsschartl. Von dort gelangt man zur Schwarzenberghütte.

(Etwas kürzer wäre die Route ab Gruber- über die Dockscharte aufs Nördliche Bockkarkees. Sie ist jedoch wesentlich schwieriger und bei ungünstigen Verhältnissen heikel, weshalb wir sie hier nicht beschreiben.)

Wie auf Seite 176 und 177 in die Keilscharte und auf das Nördliche Bockkarkees. Dort in Südostrichtung abwärts bis auf etwa 2970 m und östlich über den Gletscher hinunter (Spalten, Stangenmarkierungen) auf eine Geländestufe. Man folgt den Markierungen zu einem großen Steinmann und quert auf einem schmalen Band („Hoher Gang") absteigend die Felsen der Hohen Dock bis ins Remsschartl (2671 m). Jenseits steil abwärts in den Remssattel, nordwärts über einen Schneehang hinunter und erst eben, dann mäßig steil, zuletzt in Kehren abwärts zur **Schwarzenberghütte** (2267 m, OeAV-Sektion Österreichischer Gebirgsverein, bewirtschaftet von Ende Juni bis Ende September, 28 Schlafplätze, Tel. 00 43-676/730 90 41).

Abstieg nach Ferleiten (1158 m) an der Großglockner-Hochalpenstraße: Etwa 2 1/4 Std. Markiert (AV-Weg Nr. 727). Unschwierig.

Großes Wiesbachhorn, Gipfelanstieg.

Gipfeltouren

4 Großes Wiesbachhorn (3570 m)
Aufstiegszeit: *Knapp 2 3/4 Std.*
Anforderung: *Verhältnismäßig gutmütige, jedoch prächtige Hochtour ohne Gletscherberührung. Nur bei besten Wetterverhältnissen ratsam. Felsgelände bis Schwierigkeitsgrad I, ggf. Schnee bis 35 Grad Neigung.*
Der Kaindlgrat ist die Normalroute auf das Große Wiesbachhorn. Leider ist nicht nur dessen Nordwestwand, sondern auch der Kaindlgrat fast vollständig ausgeapert, was den früheren Reiz beeinträchtigt. Berühmt wurde das Große Wiesbachhorn durch die Ersteigungsgeschichte seiner Nordwestwand. Während deren Erstbegehung zusammen mit Willo Welzenbach 1924 setzte der Führende Fritz Rigele am damals sehr steilen Eiswulst die ersten Eishaken.

Wie auf Seite 176 beschrieben über den Kaindlgrat aufwärts. Dann nicht nach rechts hinüber zur Wielingerscharte, sondern über den nun breiteren Grat an den Gipfelaufbau. Dort wieder steiler über ausgeaperte Felsplatten (ein Ausweichen in die Süd- oder Westflanke ist wegen Steinschlaggefahr nicht ratsam) zum Gipfel mit Kreuz und Wechte nach Osten.
Abstieg: Auf der Anstiegsroute. 2 Std.

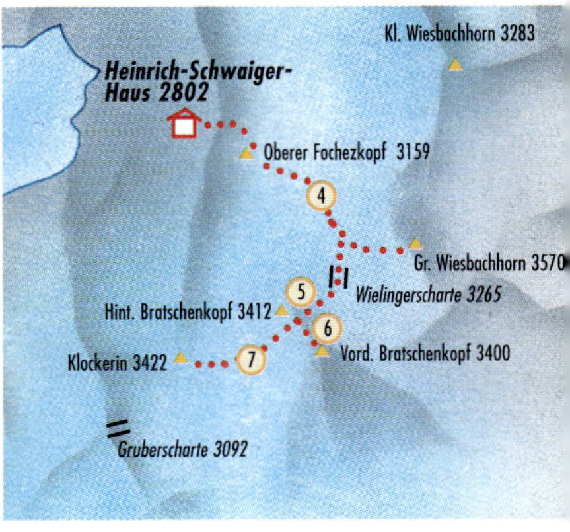

Hinterer Bratschenkopf (links) und Klockerin; dazwischen der Klockerinsattel.

5 Hinterer Bratschenkopf (3412 m)

Aufstiegszeit: *Etwa 2 3/4 Std.*
Anforderung: *Verhältnismäßig einfache Hochtour, die jedoch bei Blankeis nicht unterschätzt werden darf. Geröll, Schnee/Eis bis 40 Grad.*
Eine Ersteigung der beiden Bratschenköpfe wird nicht selten mit der des Großen Wiesbachhorns verbunden. Sie sind aber auch als Extraziele reizvoll, und es böte sich dann noch die Kombination mit der gegen den Mooserboden mit hoher Wand abfallenden Klockerin an.

Wie auf Seite 177 zum Gipfel.
Abstieg: Auf der Anstiegsroute. Etwa 2 Std.

6 Vorderer Bratschenkopf (3400 m)

Aufstiegszeit: *1/2 Std. ab Bratschenkopfscharte. Bis dorthin über den Hinteren Bratschenkopf siehe Seite 177.*
Anforderung: *Gipfelanstieg problemlos.*
Von der Bratschenkopfscharte (3383 m) in Südostrichtung über Firn oder ausgeaperte Felsen zum höchsten Punkt.
Abstieg: Auf der Anstiegsroute.

7 Klockerin, Südwestgipfel (3422 m) und Nordostgipfel (3335 m)

Aufstiegszeit: *3 1/4 bis 3 1/2 Std.*
Anforderung: *Auch bei der Klockerin bildet die Route zum Hinteren Bratschenkopf die Schlüsselstelle. Der weitere Zu- und Anstieg über den Klockerinsattel zum höchsten Punkt ist technisch unschwierig.*
Die Klockerin beeindruckt vor allem mit ihrer 900 Meter hohen Nordwestflanke – früher eine begehrte Eistour, jetzt eine gefährliche Felsflanke -, die vom Heinrich-Schwaiger-Haus gut eingesehen werden kann. Die Normalanstiege hingegen sind verhältnismäßig einfache Hochtouren.

Wie auf Seite 177 beschrieben über den Hinteren Bratschenkopf (3412 m) und die Bratschenkopfscharte (3383 m) in den Klockerinsattel (3304 m). Von dort problemlos in Westsüdwestrichtung über Schnee auf die beiden Gipfel der Klockerin.
Abstiege: Auf den Anstiegsrouten. Etwa 2 1/2 Std.

i Mit größeren Kindern auf Tour

- Zwischen 9 und 12 Jahren sind Kinder zu ausgedehnten Wanderungen mit bis zu 6 Stunden Gesamtgehzeit (bei vernünftiger Pausengestaltung) ohne weiteres zu motivieren.
- Zwischen 12 und 14 Jahren ist meist schon ein gesundes Leistungsbewusstsein ausgeprägt; diese „großen Kinder“ sind zu länger andauernden Touren in der Lage und auch dazu bereit – vorausgesetzt, dass entsprechend interessante Ziele ausgewählt werden.
- Ab 14 Jahren gehen die Sprösslinge in Landschulheime und auf Klassenfahrten (und in deren Rahmen auch auf Bergwanderungen). Im günstigsten Fall sind sie dann – bei entsprechender Ausbildung und Beratung – schon fähig, Wanderungen im Gebirge selbstständig durchzuführen.

REGISTER

der weiteren bewirtschafteten Hütten, Berggasthäuser, Biwakhütten, Bergnamen und wichtigen Informationen

REGISTER

REGISTER

REGISTER

REGISTER

REGISTER

HÜTTENSTEMPEL

HÜTTENSTEMPEL

HÜTTENSTEMPEL

NOTIZEN

NOTIZEN